Veit Valentin

Bismarck und seine Zeit

Veit Valentin

Bismarck und seine Zeit

ISBN/EAN: 9783955643928

Auflage: 1

Erscheinungsjahr: 2013

Erscheinungsort: Bremen, Deutschland

EHV
HISTORY

Bismarck
und seine Zeit

Von

Veit Valentin

Mit einem Titelbild

8.–12. Tausend

Druck und Verlag von B. G. Teubner in Leipzig und Berlin 1915

Inhaltsverzeichnis

Einleitung

Bismarck wurde im Jahre der Schlacht von Waterloo geboren; wir rüsten uns, sein Jahrhundertfest zu feiern in einer Stunde von gleicher welthistorischer Bewegtheit. Napoleon I. hatte den Versuch gemacht, den europäischen Kontinent unter seine Faust zu zwingen und mit der Wucht dieser Machtkonzentration die ozeanische Stellung Englands zu vernichten; England siegte, und mit England, für England siegte das deutsche Volkstum und gewann sich Recht und Freiheit eigener Existenz.

Und heute? Das deutsche Volk sitzt heute nicht mehr bescheiden in der Mitte Europas, froh, geduldet zu sein von starken ehrgeizigen Nachbarnationen, die über seinen Kopf hinweg den Besitz in der großen Welt verteilen. Das deutsche Volk, staatlich geformt in dem Doppelstaat, dem Deutschen Reich und der Monarchie im Osten, weiß, was es seiner Würde schuldet; es ist sich seines historischen Schicksals bewußt, Führer und Herrscher schwächerer Völker zu sein und mit ihnen das starke Rückgrat des Kontinents zu bilden, sich und ihnen aber dadurch Arbeit und Geltung in der großen Welt zu sichern.

Vor hundert Jahren hat das deutsche Volk mit anderen unterdrückten und gefährdeten Völkern einen heroischen Kampf gegen den letzten großen Welttyrannen geführt und die Freiheit erkämpft. Heute kämpft das deutsche Volk, allein sich und seinen Schützlingen überlassen, gegen Neider und Hasser, gegen Prahler und Lügner, gegen Dekadente und Spekulanten, gegen Barbaren und Mörder — es kämpft also gegen eine W e l t von Tyrannen, die mit Mitteln der Gewalt und der Arglist nicht zu sparen gewöhnt sind; es kämpft, das fühlt jeder von uns, wie noch nie ein Volk gekämpft hat, alle für alles, bescheiden und stolz, bewußt und voll Hoffnung, klar und sich selbst verleugnend, heiter und erhaben, mit allen Kräften des Leibes und der Seele. Es kämpft darum, es selbst sein und bleiben zu dürfen, mit den größten Weltmächten — um die Freiheit, noch einmal um die Freiheit; um die Arbeit, um die Ehre, um die Weltgeltung: um das Eine, Große, was Atem und Blut eines Staatsleibes ist, um die Macht.

Wir staunen, was aus den schlichten und rührenden Deutschen der Zeit vor hundert Jahren geworden ist, die in herber Schweigsamkeit dem Idealisch-Schönen dienten und für das Vaterland starben. Zwischen 1815 und 1915 steht Bismarck und seine Zeit. Unsere Zeit, unser Heute und Morgen ist nicht mehr bismarckisch. Abgeschlossen liegt seine Welt hinter uns; er war ein Ende und eine Erfüllung. Wir stehen an einem neuen Anfang, mit neuen Wünschen und Kräften. Seine Zeit und sein Werk sind ganz historisch. Wie mächtig ragen sie freilich in unser Leben und Wirken hinein! Wir wollen fragen, was sie uns bedeuten, in ihrer vergangenen Wirklichkeit, als geschichtliche Tat, als menschlicher Wert.

Die erste Frage gilt dem Menschen. Wir wollen versuchen, sein Persönliches zu begreifen, die innere Entwicklung dieses deutschen Staatsmannes zu erfassen, der ein genialer Mensch gewesen ist. Er ist, so werden wir sehen, voller Rätsel. Der Mann, der politische Geschäfte mit der vollendeten Klugheit eines Richelieu und Metternich trieb, hat eine ruhelose, dunkle, von ewigen Erschütterungen lebende Seele; dieser Gewalttätige rührt durch die Zartheit seines Fühlens, er entwaffnet durch Güte. Er ist nicht selbstsicher und selbstgefällig gewesen, kein Pflichtmensch in bravem Gleichgewicht und kein Erfolgsmensch, durchbebt von den Wonnen der Eitelkeit. In der berauschenden Welt der Aktion, in der er lebt, hat er immer ein Heimweh nach Ruhe und nach dem blauen Duft der norddeutschen Ebene. Er nimmt das Reale nicht ganz ernst; er entwertet diese selbstbewußte Welt des sinnlichen Scheines, des Wollens und Kämpfens durch Ironie. Der Meister realistischer Staatskunst stammt aus der Romantik und kennt ihre Melancholien.

Langsam und schwer ist die Entwicklung Bismarcks gewesen. Als Dreißigjähriger tritt er in die politische Welt, ein geschmiedeter Mann; was hat er aber bis dahin gekämpft und ertragen! Seine Jünglingszeit endet mit dem Chaos; er vertut Zeit und Kraft; er hat kein Ziel und keinen Halt — sein gigantisches Temperament kämpft mit der Verzweiflung. Wie er sich dann zur Klärung und zum Gleichgewicht durchringt, das ist eine Seelengeschichte von einzigem Reiz.

Und seitdem ist er immer ganz er selbst, als Parlamentarier, Gesandter, Minister. Er ist niemals „Abgeordneter“ und niemals „Beamter“. Was er macht, ist eigene Arbeit, persönlichste Willensbetätigung des geborenen Befehlers, persönlichste Lebensführung des geborenen Edelmannes. Er ist in seinen Daseinsäußerungen dem Fremden und dem Gegner gegenüber gewalttätig und gefährlich; die Fehde ist dem Riesen natürlich und eine Wonne seines leidenschaftlichen Herzens. Er duldet nichts neben sich, stampft Hindernisse nieder, will alles machen. Er kann maßlos und ungerecht sein, er schilt und haßt mit der ganzen Wildheit seines Blutes. Er vernichtet mit allen Mitteln, auch mit den diabolischen der Bosheit und Verleumdung. In jeder Geste ist ein ganzer, heißer, durch und durch menschlicher Mensch. Und die Gewalt und Dämonie einer solchen Natur dient nun dem Lebenswerk von beispielloser Größe, der Schöpfung staatlicher Formen für unser deutsches Volk.

Wie haben wir Deutschen immer der Zucht und Einheit widerstrebt! Wie haben wir uns mit Weisheit und Eigensinn gegen ihn gewehrt, den großen Retter, der einer ganzen Generation das Ungewollte so meisterlich aufgezwungen hat, daß sie ihn zuletzt als den Erfüller ihres Ideales vergötterte! Wie war er gerade den Besten fremd, er, der Edelmann, der Preuße, der treue Diener seines Königs!

Immer ist Bismarck in seinem Leben von außen wie zufällig in die Dinge hineingekommen; er war nie ein Zünftiger, ein gewiegter Fachmann, dem alles bekannt ist, der in lehrhaften geheimnisvollen Redewendungen schwelgt. Er war immer naiv und humoristisch, impertinent genug, schlecht orientiert zu sein und doch das einzig Richtige zu wollen. Er war so ehrlich und unbefangen, daß er immer Anstoß erregte und dem verdienstvollen Talent fatal wurde. Dieser tiefe und große Mensch ist eben mehr als klug. Der Staat, das Schicksal, die Geschichte sind in ihm und arbeiten durch ihn, er ist ein Auserwählter, der eine Weltepoche ausfüllt, dadurch, daß er sein Leben lebt. Was heißt da Rücksicht und Verstehen!

Er will das Ganze, indem er sich selbst will. Fremd, edel und gewaltig ist er durch seine Zeit geschritten, ein Verächter der Menschen, des Unsachlichen, Unlauteren und Eingebildeten in der Welt, tief in der Seele verbunden dem Echten und Ehrlichen, dem Zarten und Liebevollen bei der Frau, dem Ritterlichen und Mannhaften im Handeln und Wirken: deutsch also von Grund aus, einer von den großen Deutschen, der große Deutsche seiner Zeit, der Inbegriff ihres neuen der Tat zugewandten Deutschtums.

So steht er vor uns: ein Einziger und Einsamer, ein Gewaltiger und Führer unter den Menschen. Mit allen Kräften der genialen Persönlichkeit hat er gearbeitet: rasch und absolut offen über das Ziel, mit urwüchsiger sinnlicher Kraft, ein Liebling des Glücks und schließlich schwer ins Herz durch ein notwendiges Schicksal getroffen. Denn jeder, der für den Tag und für die Zeit arbeitet, muß erleben, daß ihn die Nacht lähmend überkommt; und jeder, der einem Staate und einem Herrn dient, muß erfahren, wie bitter es ist, nicht oberste bewegende Kraft zu sein.

Das ist der Mann; wir werden sehen, wie er in eine trübe und wirre Zeit hineintritt, wie er aus der Ferne und Frische seines Wesens heraus ordnet und zwingt, bewegt und beglückt, wie er mit preußischem Ehrgeiz das Reich zusammenballt, wie er gegen alle Parteien ringt, um sie diesem seinem Reich einzuordnen, wie er Europa überragt und nach drei Kriegen den Frieden schirmt, als Schlichter und Mittler, so daß sich der Erdkreis vor Bismarck dem Deutschen und vor dem Deutschland Bismarcks gebeugt hat.

Herkunft und Jugend

Der älteste nachweisbare Ahnherr Bismarcks ist Herbert von Bismarck, der 1270 Alderman der patrizischen Kaufmanns- und Tuchergilde in Stendal war, ein Kaufherr also, ungewiß, ob adeligen oder bürgerlichen Ursprungs. Schon sein Sohn verließ die Stadt; die Zünfte vertrieben die Herren, und Klaus von Bismarck trat in den schloßgesessenen Adel der Altmark ein, ein stattlicher, wohlhabender Mann, ehrgeizig und gewandt, dem seine Dienste beim Markgrafen, dem Wittelsbacher Ludwig, reichen Lohn an Land brachten. Seine Nachkommen wirtschafteten auf diesem Besitz, ohne ihn zu mehren. 1562 zwang sie der Hohenzoller Hans Georg, diese Güter gegen Schönhausen und Fischbeck einzutauschen. Dem jungen Kurprinzen gefielen die schönen Jagdgründe von Burgstall, und die Bismarck mußten schlechteres Land nehmen. Ingrimmig hat oft der Fürst an diesen seinem Geschlecht angetanen Unglimpf gedacht.

Seitdem gehörten die Bismarck in die Altmark und führten das Leben ihrer Standesgenossen: sie saßen still auf dem Schloß beim Humpen, sie nahmen Kriegsdienste in fremden Ländern, sie machten Studien und Kavaliersreisen. Die Bodenständigkeit züchtete die Rasse. Das Elbland mit seinem Deich, seinen Marschen, seinen kiefernbedeckten Sandhügeln: das war ihr Reich. Da wirtschafteten sie, derb und tüchtig, patriarchalische Gebieter, unbekümmerte Junker, voll Trotz und Selbstsucht. Da bildete sich in ihnen die Wildheit und das Heroische. Das Herrenhaus in Schönhausen von 1700 zeigt recht die Art: mächtige schwere Formen, im Innern der große kalte Prunk des Barocks — selbstsicher, geschlossen, eine Einheit und eine Kraft.

Wie ertrugen solche Herren den aufstrebenden Absolutismus? Neben den Schulenburg, den Knesebeck und Alvensleben nannte Friedrich Wilhelm I. die Bismarck als die vornehmsten und schlimmsten unter dem widerspenstigen Adel. Er riet seinem Nachfolger ab, Altmärker anzustellen: „Mein lieber Successor muß sie den Daum auf die Augen halten und mit Ihnen nicht guht umbgehen.“ Friedrich der Große hat dann den Adel endgültig in den Staat hineingezwungen; zwei Staatsminister lieferten die Bismarck. Und der Oberst August Friedrich führte die Ansbach-Bayreuther Dragoner bei Mollwitz, erfocht den Orden Pour le mérite und fiel bei Czaslau. Einen ganzen Kerl nannte ihn Friedrich; ein echter Bismarck war er, ein Hüne, gewaltig mit der Büchse und dem Becher, den Kopf voll toller Streiche, galant gegen das Frauenzimmer. Als dreiundvierzigjähriger Witwer huldigte er einer Sechzehnjährigen in fein geschnörkelten Alexandrinern und gewann ihre Hand. Das war der Urgroßvater des Fürsten Otto.

Wie anders der Großvater! Ein langer Überleger, ein Selbstzergrübler, weich, literarisch: auf seine nach zehnjähriger Ehe verstorbene Gattin verfaßt er eine empfindsame Denkschrift, die dreimal deutsch nachgedruckt, ja sogar ins Französische übersetzt worden ist. Es ist die Zeit, da Rousseau in Bekenntnissen schwelgt, da Werther leidet. Dieser Karl Alexander Bismarck schließt mit seinen vier Söhnen einen Zirkel der Freundschaft. Edelmut, Gefühl, Milde, Aufklärung werden gepflegt, folgsam mehr dem Geschmack der Zeit als aus eigener Art. In allen Söhnen ist schließlich das überkommene Landjunkerliche der stärkste Trieb, besonders in dem jüngsten, Ferdinand, der Schönhausen übernahm, als er mit 23 Jahren schon aus der Armee ausschied. 35 Jahre alt, 1806, heiratete er die siebzehnjährige Wilhelmine Mencken.

Die Mencken waren eine Oldenburger Kaufmannsfamilie, die während des achtzehnten Jahrhunderts in zwei Zweigen blühte und den deutschen Universitäten eine Anzahl philosophischer und juristischer Professoren geliefert hat. Der Vater Wilhelminens ertrug es nicht bei der strengen Helmstedter Jurisprudenz; ein munterer witziger Elegant schwang er sich in die Diplomatie. 1782 machte ihn Friedrich der Große zu seinem Kabinettssekretär; er war der erste Nicht-Subalterne in dieser Stellung. Unter Friedrich Wilhelm II. wurde er als liberaler Reformfreund etwas beiseite gestellt; Friedrich Wilhelm III. berief ihn wieder zu regelmäßiger und selbständiger Arbeit. Mencken verwarf prinzipiell die Zentralisation und Bevormundungssucht friderizianischer Überlieferung; bis 1800 leitete er in diesem Geiste das Kabinett. Ein Jahr später starb er vor der Zeit: ein aufgeklärter Philanthrop, sehr gebildet, sehr edel, voll Feingefühl und Treue, zu passenden Scherzen geneigt, der kraftlose späte Sproß einer städtischen Familie von blassen Intellektuellen.

Welch ein Gegensatz zu der strotzenden ländlichen Gesundheit der Bismarck! Ein Gegensatz auch in der Blutmischung: die Bismarck rein germanisch, unverfälschte Niedersachsen, mit Gleichgearteten immer wieder vermischt und so immer mehr gekräftigt in der überkommenen Art; bei den Mencken ist viel Slawisches dem germanischen Grundstock beigemischt.

In dem Jahre der Schlacht von Jena heirateten Ferdinand von Bismarck und Wilhelmine Mencken. Im Jahre der Schlacht von Waterloo wurde Otto von Bismarck geboren.

Sieben Mitglieder der Familie Bismarck nahmen teil an den Befreiungskriegen; drei starben den Heldentod, und vier brachten das Eiserne Kreuz heim. Dem Onkel Leopold, der als Husarenoberst bei Möckern fiel, glich der junge Otto „wie eine Erbse der anderen": das war der heldische Geist, der in diese Jugend hineinleuchtete. In Pommern, wo seine Eltern ererbte Güter übernahmen, ist Otto von Bismarck aufgewachsen; Kniephof ist das Land seiner Kindheit — Kniephof mit seiner weichen welligen Ebene, wo unter Laubbäumen kleine Bäche murmeln.

Was gaben ihm die Eltern mit? Die Mutter war schön, geistreich, eine Berlinerin, als Tochter des hohen Beamten hell und hart, kühl und voll Ehrgeiz, eine nervöse Frau, empfindlich und geneigt zu Extravaganzen. Der Vater war ein echter Landedelmann, behaglich und derb, pferdefroh, gewaltig als Zecher, voll vergnügter Humore, ein Sensualist. Was er sagte und tat, war warm und von Herzen; zu der Bildung der Zeit hat er kein Verhältnis gehabt, und seine brave Aufrichtigkeit war Differenziertheiten fern. Hinter einen gesucht eleganten Brief seiner Frau setzte er einmal das kernige Postskriptum: „Heute ist Ottos Geburtstag. Die Nacht ist uns ein schöner Bock krepiert. Welch niederträchtiges Wetter." Wie praktisch klug er aber dabei war, zeigt die andere Nachschrift für den in Göttingen studierenden Sohn: „Lasse Dir Dein Geld nicht abborgen. Willst Du es wiederhaben, so macht man sich Feinde. Adieu."

Wie wirkte dieses Elternpaar auf die Kinder? Außer Otto waren es der fünf Jahre ältere Bernhard und die zwölf Jahre jüngere Malwine, andere Geschwister starben früh. Die Mutter drängte die Kinder vorwärts, hinauf, zur hohen geistigen Bildung, zum öffentlichen Dienst, zu Rang und Ehren; sie tat es aus Liebe natürlich, aber auch aus persönlichem Ehrgeiz; sie und die Ihren sollten in der Meinung der Leute etwas sein. Dieses Ziel verfolgte sie klar und klug, mit Diplomatie und Zwangsmitteln, nicht zur Freude und zur Behaglichkeit der Söhne und des Vaters. Der Vater dämpfte; bei allem Großspurigen war ihm nicht wohl; gelassen und lässig, wie er war, ließ er die Sachen aber schließlich gehen. Die sonnigen freundlichen Stunden im Hause brachte er, und ihn haben die Kinder denn auch lieb gehabt.

Leicht zu bändigen ist der junge Otto nicht gewesen. Das alte Schönhauser Gut war wie gemacht für phantastische Kinderspiele — ein bißchen verwahrlost und verwunschen. An dem kleinen Teich stand ein Sandstein-Apollo und eine Sandstein-Flora; ihr fehlte das Füllhorn, ihm die Leier. In einem wüsten Gehölz ragte klassisch nackt ein Herkules, ein wehrloses Ziel für Ottos Armbrust. Ein verschlammter Graben umgürtete das Gehölz; schwarze Schnecken krochen darin herum. Und ganz verborgen lag tief unter den Kronen ein altes Lusthäuschen, seit langem nicht mehr benutzt, fast vergessen; die Steine waren geborsten, die Fensterscheiben blind und zerbrochen, ringsum blühten wild die Rosen.

Die Mutter ließ den Sohn nicht lange im Frieden auf dem Land; er mußte seine Erziehung in Berlin empfangen, nicht durch einen Hauslehrer, wie sonst üblich und möglich war. Fünf Jahre verbrachte Otto von Bismarck in der Plamannschen Erziehungsanstalt, dann im Gymnasium. Er empfing da eine charakterbildende Zucht, eine deutsch-national gefärbte humanistische Bildung; er vermißte Natur und Freiheit — seine weiche sehnsüchtige Seele ertrug die Vereinsamung schwer. Nie hat er es seiner Mutter verziehen, daß er wegen ihrer Badereisen den Sommer nicht aufs Gut durfte. Wenn die Familie im Winter nach Berlin kam, so war das wirklich kein Ersatz.

Wie sah Otto von Bismarck damals aus? Der Porträtmaler der Berliner Biedermeierzeit, Franz Krüger, hat den Zwölfjährigen gezeichnet: recht jungenhaft ist er da — ein wirrer dichter Haarkopf, eine derbe Nase, dazu der feste Mund und große kluge leuchtende Augen. Das Bild ist freundlich und gewinnt: schon im Äußeren eine rechte Mischung von Bismarck und von Mencken. Der Kern des Wesens ist sicher Bismarckisch, landjunkerlich, derb, fest, gemütvoll. Aber erst das Menckensche Erbteil, die scharfe Intelligenz, hat wie ein Sauerteig die schwere Masse zum Gären gebracht und hat so Kühnheit erzeugt, heiße Leidenschaft und Größe. Otto war ein Schüler, der in der Mitte sicher mitging; welche Bildung nahm er beim Abschluß auf der Universität? Die antike Welt ließ er zurück im Gymnasium; er nahm nicht die Alten ins Leben hinaus wie Goethe. Seine Welt war die germanische Neuzeit. Ihre Geschichte hat er zuerst in veralteten Kompendien, beinahe heimlich, aus innerstem Antrieb in sich aufgenommen; ebenso die neue Literatur. Wirklich bleibende Eindrücke hat er erst in reiferen Jahren erhalten. Schiller hat ihn dauernd gepackt, mit seiner trotzigen Männlichkeit und dem Schwung seiner geschichteschaffenden Kraft. Goethes stillere und ewigere Größe blieb ihm fremder. Das Persönlichkeitsideal der deutschen klassischen Zeit wurde nicht das Bismarcks; die schlichte, sinnvolle, im Gedanken wurzelnde Humanität der großen Deutschen hat ihn nicht berührt. Er steht der geistigen Art einer anderen Epoche näher, die gewaltsamer und blutvoller gewesen ist. Shakespeare wurde Bismarcks größtes dichterisches Erlebnis.

Welche politischen Einflüsse haben ihn in der Entwicklung berührt? Der Vater war ein Edelmann des alten Schlages, dem alles hochmütig Aggressive neuerer Adelsart fehlte; sein Wesen setzte den harmonischen Ständeaufbau vor den revolutionären Zeiten voraus. Die Mutter war, das paßt zu ihrem ganzen Wesen, liberal, kritisch, rationalistisch, sie schwärmte für die Polen, verfolgte mit Spannung die Revolution von 1830 und liebte scharfe Worte gegen das Reaktionäre. Manches davon ist auf den Sohn übergegangen. Mit der logischen Überzeugung von der Vernünftigkeit der Republik habe er die Universität bezogen, bezeugt Otto von Bismarck. Aber seine Sympathien waren von Anfang auf seiten der Autorität. Ebenso widerspruchsvoll war die religiöse Stellung. Schleiermacher hat ihn zwar konfirmiert; philosophisch-romantisch wurde aber Bismarcks Christentum deshalb nicht. Ohne Deutungsversuche wandte er sich von den Dogmen ab; „deistisch" nannte er seine Überzeugung — das ist die Sprache der Aufklärer; aber die pantheistischen Beimischungen, von denen er spricht, beweisen das tiefere seelische Bedürfnis.

So kam Otto von Bismarck, von Gegensätzen des Blutes, der Umwelt, der Erziehung angefüllt, als Student nach Göttingen, 1832, im Jahre von Goethes Tod, um sich nach dem Wunsche der Mutter zum Diplomatenberuf vorzubereiten. Göttingen, die ehrwürdige Aristokratenuniversität des alten niedersächsischen Landes, hatte viel zu bieten. Größen der neuen Naturwissenschaften lehrten dort; Jakob Grimm ragte mächtig auf in der philosophischen Fakultät. Vor allen wirkte der Lehrmeister der bürgerlichen Erneuerung Deutschlands zur Einheit und Freiheit — Dahlmann. Es waren nicht nur Gelehrte, die der Jugend Stoff und Anschauung vermitteln konnten, sondern wirklich Männer, die imstande waren, etwas zu tun und etwas zu leisten. Die Sieben wagten den Kampf um die Verfassung mit der hannöverschen Regierung. Die Altersgenossen Bismarcks haben hier in Göttingen die entscheidenden Eindrücke für die Lebensgestaltung von den Universitätslehrern bekommen. Wie ernsthaft setzte sich dort der junge pommersche Pietist Kleist-Retzow mit den Idealen der Zeit auseinander. Und Bismarck?

Er studierte nicht, sondern er war Student. Das Leben lehrte ihn, nicht die Wissenschaft. Er mußte auf und ab, hin und her, kneipen, marschieren, reiten, sich schlagen. Also: er bummelte. Zuerst hatte er Beziehungen zur Burschenschaft; so wirkten die deutsch-nationalen Eindrücke von Berlin her nach. Der Radikalismus in Manier und Anschauung stieß ihn ab. Es war nicht mehr die Burschenschaft der Wartburg, sondern die Burschenschaft des Hambacher Festes. Dann verkehrte er mit Mecklenburgern, mit Amerikanern; der vornehmste unter ihnen, Motley, wurde sein Freund fürs Leben. Und schließlich wurde Otto von Bismarck Korpsstudent.

Das Universitätsgericht hatte ihn wegen seines auffallenden Kostümes vorgeladen. Er ging hin, natürlich in diesem Kostüm; der schmale, lang aufgeschossene Körper steckte in einem bis auf die Füße reichenden schlafrockähnlichen Gewande. Die Mütze war seltsam konstruiert, ein gedrehtes Eichenstöckchen hielt er in der Hand. Und ein mächtiger weißgelber Köter folgte. Mitglieder der Landsmannschaft Hannovera begegnen ihm; sie lachen ihn aus, und der Fuchs fordert sie. Der Konflikt wird beigelegt, und nach kurzer Zeit war Bismarck eingesprungen. Die Hannoverer hatten in ihm den guten Korpsier gewittert.

In der Tat, der Baron von Bismarck aus Pommern exzellierte im Skandal und in der Renommage. Im Winter war er schon Fuchsmajor, ein rechter Anstifter und Streichespieler. Mit dem Universitätsgericht brachten ihn seine Leistungen in die häufigste Berührung. Er wagte mehrmals auf der Straße zu rauchen — im vormärzlichen Deutschland ein Symptom greulicher Unbotmäßigkeit. Wegen Auswerfens einer Bouteille auf die Straße hatte er einmal eine große Strafe zu zahlen und bekam einen Verweis. Auf Mensur hat er oft gestanden, fünfundzwanzigmal in drei Semestern; dabei führte er immer glänzend ab, nur einmal bekam er einen Blutigen, und der war wider die Regel geschlagen. Wenigstens hat er das noch als Fürst immer behauptet. Auch einen ernsthaften Konflikt hat er gehabt. Man hatte auf Preußen und den König geschimpft, die Preußen seien nie honorige Studenten. Das scheint zu einem Pistolenduell geführt zu haben. Zuletzt brachte ihm ein interner Konflikt der Hannovera mit anderen Korps, bei dem er sich tapfer in die Bresche gestellt hatte, sieben Tage Karzer und die doppelte Androhung des consilium abeundi. Damit zog er dann ab nach Berlin im Herbst 1834.

Was nahm er von Göttingen mit? Seine Korpsbrüder waren zum größten Teil Hannoveraner aus guten Bürgerfamilien; sie wurden nützliche Beamte. In dem Kreis war also nichts Feudales; er war anders als sie, etwas Besonderes in seinem Wesen und in seinen Anschauungen. Es wird uns von einem Gespräch erzählt, das darauf helles Licht wirft. Es war die Rede von Waterloo. Der hannöversche Freund Oldekop nahm den Hauptruhm natürlich für die Engländer in Anspruch, Bismarck für Preußen. „Ich bin ein Preuße, kennst Du meine Farben" — das eben um 1832 entstandene Lied sagte er dem Freunde wie als Bekenntnis. Er war also ganz schwarz-weiß, er war es gerade recht geworden in der fremden Umgebung. Der Freund nahm nach Hause den Eindruck: das ist ja ein Fuchs aus der Zeit Friedrichs des Großen.

Ist er auch im Innern anders und mehr gewesen als die andern? Äußerlich tat er dasselbe wie sie, aber stärker und urwüchsiger. Ariel hieß sein Hund; wie geistreich, einen Hund nach dem Shakespearischen Luftgeist zu taufen!

Ein Zeugnis haben wir über Bismarcks Göttinger Zeit, das nicht beeinflußt ist von dem Anblick seiner späteren Größe. Sein Freund Motley veröffentlichte 1839 einen Roman: Morton's Hope. Die Entwicklungsgeschichte eines jungen Amerikaners, der 1770 nach Deutschland kommt und in Göttingen lebt, wird darin erzählt. Motley schildert die ganze Studentenwelt mit der humoristisch pointierten Unfähigkeit des Angelsachsen, irgend etwas aus der Sphäre der farbigen Mützen zu begreifen. Und da tritt nun als der wildeste der Füchse Otto von Rabenmark auf, von vorkarolingischem Adel, ein Siebzehnjähriger, hager, sommersprossig, mit der Schmarre in der Wange, mit rot umlaufenen Augen — exzentrisch in allem. Der Amerikaner lernt Rabenmark aber nun näher kennen. Sechs Sprachen spricht er, niemand weiß, wo er sie aufgeschnappt hat, er spielt Geige, Klavier, er kennt seine Dichter. Auf der Bude, unter Pfeifen, Mützen, Schlägern und Silhouetten wirft er die Schellenkappe des amüsanten Narren ab. Er *kann* ernst sein. Es war *Absicht*, sich als ein Fremder, Junger, Unbekannter durch kecke Beleidigung ins beste Korps einzuführen. All dies Leben, sagt er, ist natürlich Kinderei; aber ich bin ein Kind an Jahren. Die Universität ist mir eine school for action. Ich will meine Gefährten hier leiten, wie ich sie leiten will im weiteren Leben. Niemand kann diesem Rabenmark etwas antun. Im Duell wird er nicht fallen, o nein! Wenn er 19 Jahre 9 Monate zählt und diesen Augenblick, den kritischen, überwindet, — so geht es weiter in die Höhe. Und dann entwickelt sich der wilde Student Rabenmark zu einem eleganten jungen Edelmann mit vornehmen Manieren.

Das ist bereits der Berliner Bismarck. Hat er als Jurist etwas an die Universität Savignys mitgenommen? Wirklich nicht viel; einiges Positive, das ihm ein betagter Privatdozent, dessen nützliche Repetitorien man belegte, vielleicht eingepaukt hat. Nur der Historiker Heeren hat ihn angeregt. Mit Geschichtswerken und Atlanten soll Bismarcks großer Tisch bedeckt gewesen sein. Heeren las Länder- und Völkerkunde sowie Statistik der europäischen Staaten. Seine Art war praktisch-politisch, aufs Gegenwärtige gerichtet; die Staaten waren ihm moralische Personen, deren Sein aus dem Werden zu ergründen war. Ein Diplomatenbildner wollte er sein. Da waren viele Berührungspunkte mit Bismarcks Art; er hätte sich hier vertiefen und festbohren können, ohne seinem Innersten fremd zu werden. Er hat es nicht getan: flüchtig interessiert glitt er darüber hinweg.

In Berlin hat sich der Student Bismarck ins Aristokratische umgebildet. Er lebte als ein Glied des Kreises, in dem er geboren war. „Ich lebe hier wie ein Gentleman," schreibt er einem Göttinger Freund, „gewöhne mir ein geziertes Wesen an, ich spreche viel Französisch, bringe den größten Teil meiner Zeit mit Anziehen, den übrigen mit Visitenmachen zu." Sein Briefstil liebt die Groteske. Aber wirklich: er lebte distinguierter. Mit Motley, Kayserling, den Göttinger Freunden, verkehrte er vertraulich; dazu offiziell und konventionell in großen Häusern. Eine Zeitlang drängte ihn die Mutter zum Offiziersberuf, und er spielte behaglich mit dem Gedanken; er malt sich aus, wie er als Landwehroffizier auf dem Lande lebt, ein Weib nimmt, Kinder zeugt und die Sitten der Bauern durch unmäßige Branntweinfabrikation untergräbt. Er blieb aber dann doch bei der Stange; er paukt fleißig, macht sein Examen, geht als Auskultator zu Hofe. Der Anfang der Beamtenlaufbahn war erreicht.

Wie ist er damals geistig? Immer gibt noch die Farbe ein übermütiges Selbstgefühl. Viel Typisches liegt darin. Welcher Leutnant oder Regierungsreferendar vom altpreußischen Adel hätte es nicht? Auch Bismarck spricht das Deutsch märkischer Junker, das Theodor Fontane klassisch gemacht hat; aber es war doch noch etwas mehr in ihm: er philosophierte mit den Freunden Motley und Kayserling über Byron und Goethe. Und Bismarck galt als ein Skeptiker, der aber doch „innerlich fromm" sein wollte. Seine Kritik wagte sich wie jede echte an das All und an Alles. Er schien ein offizieller Aristokrat. Aber er kannte keine Dogmen über den Staat, dessen beamtetes Glied er nun war.

Das Auskultatorgeschäft erledigte er pflichtgemäß; fleißig, nicht ohne Erfolg, sagt ein Zeugnis. Die alten Perücken von Vorgesetzten waren ein willkommener Gegenstand seiner satirischen Neigung. Den Rat Prätorius und sein Betragen bei Scheidungssachen haben die Gedanken und Erinnerungen verewigt. So ging er dem zweiten Examen entgegen; er bereitete sich vor in Schönhausen, und wundervoll hat er das in einem Brief geschildert: „Seit vier Wochen sitze ich hier in einem alten verwünschten Schlosse, mit Spitzbogen und vier Fuß dicken Mauern, einigen dreißig Zimmern, wovon zwei möbliert, prächtigen Damasttapeten, deren Farbe an wenigen Fetzen noch zu erkennen ist, Ratten in Massen, Kaminen, in denen der Wind heult, kurz, in meiner Väter Schlosse, wo sich alles vereint, was geeignet ist, einen tüchtigen Grusel zu unterhalten. Daneben eine prächtige alte Kirche, ein Schlafzimmer mit der Aussicht auf den Kirchhof, auf der andern Seite einer jener alten Gärten mit geschnittenen Hecken von Taxus und prächtigen alten Linden. Die einzige lebende Seele in dieser verfallenen Umgebung ist Dein Freund, der hier von einer vertrockneten Haushälterin, der Spielgefährtin und Wärterin meines 65 jährigen Vaters, gefüttert und gepflegt wird. Ich bereite mich zum Examen vor, höre die Nachtigallen, schieße nach der Scheibe, lese Voltaire und Spinozas ethicum, die ich in der hiesigen, an Schweinsleder ziemlich reichen Bibliothek gefunden habe. Die Berliner meinen, ich wäre verrückt, und die Bauern sagen: Use arme Junge Her, wat maak em wull sin?"

Das ist die alte burschikose Manier und noch etwas mehr: die Fähigkeit, einen tiefen, vollen Stimmungston anzuschlagen.

Die beiden Prüfungsarbeiten sind die ersten objektiven Zeugnisse der Bildung Otto von Bismarcks. Die erste handelt über

Sparsamkeit im Staatshaushalte, ihr Wesen und ihre Erfolge; die zweite über die Natur und Zulässigkeit des Eides. Beide sind sachlich unselbständig, sie schreiben Leitfäden aus. Die Epigramme, die Bilder, die Erläuterungen verraten seinen persönlichen Stil. Der Inhalt paßt im Grunde wenig zu Bismarcks späterer Art; er ist verflachtes Erbgut des achtzehnten Jahrhunderts. Persönlich gefärbt ist seine Stellung zur Religion; er geht um alles Positive herum, klar, kühl, ein Analytiker. Er hat von Spinoza gelernt im Absorbieren des menschlich Zufälligen aus ewigen Dingen. Spekulativ, in einem eigenen Sinne vertiefend, hat Bismarck nichts von dem erfaßt, was ihm entgegengetragen wird. Es ist klar, was ihm fehlt: die forschende Spürkraft für Probleme. Er bleibt natürlich und sicher an den Gestalten der Welt hängen ohne Lust an Ergründung. Das mündliche Examen bestand er sehr gut; was bei ihm gerühmt wurde, bezeichnet ganz seine praktische Intelligenz: vorzügliche Urteilskraft, Schnelligkeit im Auffassen, Gewandtheit im mündlichen Ausdruck.

Die Lebenskrisis

Otto von Bismarck kam als Regierungsreferendar nach Aachen; seine Anfänge und Aussichten schienen glänzend. Das Ziel war nach wie vor das gleiche: die diplomatische Laufbahn. Er wollte zunächst das Assessorexamen machen und dann durch die Zollvereinsverwaltung in die Diplomatie gelangen. Sein Vorgesetzter war der spätere Minister Graf Arnim-Boytzenburg, ein vornehmer Mann, von freier, heller Art, mit ausgeprägten englischen Neigungen, zurückhaltend und würdig, wenn er sich gab. Er interessierte sich für Bismarck und beschäftigte ihn systematisch und schnell in allen Ressorts. Wieviel lernte er in dem fremden Rheinland kennen: das französische Recht, die den Gegensatz von Stadt und Land überbrückende Kommunalverfassung, das Nebeneinander von Katholiken und Protestanten, die beweglichere, freiere, bürgerlichere Art der Bevölkerung, die beginnende rheinische Industrie — im ganzen eine lebhaftere, selbstbewußte, vorwärtsdrängende Welt.

Das Temperament, auf das Bismarck hier traf, war ihm sympathisch; die Opposition lehnte er aber ab. Gerade der Bourgeoisie gegenüber bildete er den Baron fester in sich aus; und hier in Aachen bekam der Baron eine neue Farbe — das Landjunkerliche verschwand ganz; der Weltmann kam heraus, nicht in der Berliner, für europäische Begriffe etwas provinziellen Ausprägung, sondern der Weltmann von kosmopolitischem Schliff.

Aachen war wie heute ein internationales Weltbad, mit dem Unterschied nur, daß damals hinter den Mondänen die Patienten zurücktraten. Wer aus Amerika und England für die Europareise kam, der machte hier nach der Überfahrt die erste lange Station. Bismarck lebte als ein „rezipiertes Mitglied der englischen Kolonie". Er aß zu Tisch mit einem duke und einer duchess, er hatte Flirts, schwärmte für die Meisterwerke der Pariser Küche, er jagte Wölfe in Spa, er spielte — und vermehrte durch alle diese Dinge seine Schulden, die ihm von Göttingen nach Berlin und von Berlin nach Aachen gefolgt waren. Zeitweise war er entschlossen, 21jährig, eine Miß zu heiraten; dann huldigte er blasiert einer verheirateten Frau von 30 Jahren. Die Regierung klagte über den Mangel an Fleiß, die Mutter erschrak über die großen Geldforderungen. Bismarck schrieb: „Welch schändliche Erfindung ist das Geld" — und fuhr nach Brüssel.

So ging das Weltleben weiter. In Hinterpommern erzählte man Schreckliches von seinem Leichtsinn. Das Aachener Theater lernte er auch hinter den Kulissen kennen. Trivial wird aber nichts bei ihm: er liest mit seinen englischen Freunden Hamlet und Richard III. Und da plötzlich, mit einer inneren Notwendigkeit des Geschehens, kommt der große Schlag. Ein Schicksal packt ihn mächtig an: die Leidenschaft zu einem „Urbild englischer Schönheit", wie er schreibt, der Tochter eines Geistlichen. Täglich ist der notorische Spätaufsteher in aller Frühe am Brunnen, um ihr zu begegnen. Er reist ab, den englischen Bekannten, ihr nach, nach Wiesbaden. Es ist eine ernste Sache: er vergißt Beruf, Pflicht, Zukunft, Zuhause, alles. Er schreitet über den sumpfigen Boden der Spielerstädte, durch den Wirbel zweifelhafter Gestalten. Aus Mainz schreibt er dem Vater, er wolle nach London, Paris und in die Schweiz; aus Straßburg meldet er sich einem Freunde verlobt — verlobt mit einer jungen Britin von blondem Haar und seltener Schönheit; und aus Bern schreibt er nach zwei Monaten zum erstenmal an den Vorgesetzten, den Grafen Arnim, von dem er nur Urlaub für 14 Tage hat. Er spricht in diesem Brief von Umständen, die ihn fortgerissen hätten, „von Umständen, welche ich nicht ganz vorhersah und die für mich persönlich von Wichtigkeit waren". Er bittet um Verzeihung, wünscht weiteren Urlaub, um zu seinem kranken Vater zu reisen, und kündigt seine Absicht an, in Potsdam seine Regierungsreferendarszeit abzuschließen.

Und dann reist er nach Hause auf vielen Umwegen, mit vielen Stationen, so wie ein Ernüchterter und ein Richtungsloser reist. Am 1. November trifft er in Kniephof ein; im Juli hatte er Aachen verlassen.

Was eigentlich geschehen ist in dieser Zeit, wie die Verlobung zustande kam, wie sie aufgelöst wurde: das weiß man nicht. Dieser Herbst 1837 hat jedenfalls durch ungewöhnliche Ereignisse den jungen Bismarck tief aufgewühlt; den kecken Jünglingsdrang hat er damals in einem brausenden Kampf überwunden.

In Potsdam tat Bismarck noch dreieinhalb Monat Dienst, verstimmt, traurig, angewidert. Dann trat er als Einjähriger bei den Gardejägern ein. Es kamen Sorgen, und nicht nur wirtschaftlicher Art. Die Mutter wurde schwer krank. Otto beichtete ihr damals offen: er wollte nicht bei der Regierung bleiben; was für ein Leben — um zuletzt als Präsident mit 2000 Talern Gehalt zu endigen! Es graute ihm vor den Provinzstädten, er wünschte sich die Residenz oder das Land. Die schwierige Lage der väterlichen Güter drängte zu einer Regulierung. Der Entschluß wurde schnell gefaßt. In Greifswald dient er sein Jahr zu Ende, um sich in der Stille nebenher mit landwirtschaftlichen Dingen zu befassen: er liest chemische und botanische Bücher. 1839 nimmt er endgültig die Entlassung aus dem Staatsdienst.

Ein Brief von damals an seine Cousine, die Gräfin Bismarck-Bohlen, läßt uns einen Blick in sein Innerstes tun. Er sehnt sich aus dem Zwange der Bureaukratie hinaus ins Freie, Selbständige — er will eigene Leistung. „Ich will Musik machen, wie ich sie für gut erkenne, oder gar keine" — schreibt er. Und dann paßt ihm das System nicht. Er will die Grundsätze der Regierung bekämpfen, treu seiner politischen Überzeugung, seinem Glauben; er wünscht eine freie Verfassung und nennt als Helden Peel, O'Connell, Mirabeau. Ist das ein Liberalismus aus Prinzip? Er scheint sich so zu geben; die Freiheit, die Bismarck wünscht, ist aber mehr persönlich als politisch. Er will nicht zurückstehen, er will befehlen, er gesteht offen seinen Ehrgeiz, er fordert Freiheit nicht wie ein Tribun, sondern wie ein Imperator. In dem bureaukratischen absolutistischen Berlin sieht er keine Möglichkeit für sich, der erste zu sein. Auf seinem Gute ist er's.

1851 schrieb Bismarck an Gerlach, er sei zwölf Jahre lang ein unabhängiger Landjunker, das heißt bodenlos faul gewesen. Seine überquellende Kraft konnte gewiß nicht ganz beschäftigt werden durch die Bewirtschaftung des Gutes Kniephof. Aber arbeitsreich in ihrer Art und auch erfolgreich war diese Zeit doch. Er hat den Wert seines Besitzes durch rationelle Wirtschaft wesentlich erhöht — alles Technische hat er verstehen und beherrschen gelernt. Er zeigte, daß er mit Menschen umzugehen verstand, mit Bauern, Juden und Baronen. Er schulte diese Fähigkeit bis zur Virtuosität in der Menschenbehandlung. Und vor allem: er war der Herr, der Einsame, Stolze. In diesem Naturleben, wenn er stundenlang über die Ebene jagte, wenn er seine Bäume kannte, liebte, pflegte, wenn er mit ruhigem prüfendem Blick das Wetter werden sah: da reifte er ganz zur aristokratischen Persönlichkeit.

Für die Welt seiner Standesgenossen, seiner Kameraden vom Regiment war er der tolle Bismarck. Noch lange erzählten sich die Pommern von seinen Streichen. Er war rastlos als Reiter, leidenschaftlich bei der Jagd; er liebte Neckereien, und sein Humor Schwächeren und Älteren gegenüber konnte grausam sein. Bei allem Toben hat er das Feingefühl eines distinguierten Menschen bewahrt. Er hat nicht wie andere adelige Grundbesitzer auf dem Schlosse seiner Väter mit Maitressen zu Tisch gesessen. Im Ganzen war es eine trübe und wirre Zeit. Nachdem er eingelebt und eingearbeitet war, fühlte er sich nun doch nicht zufrieden. Er hatte das Mißgeschick, einen Korb zu bekommen, und unternahm daraufhin eine Reise durch England, Frankreich und die Schweiz: die Reise eines flüchtigen, überall scharf beobachtenden, aber nirgends studierenden Kavaliers. Er besuchte, was es gab — das Haus der Lords in London, die Kathedrale und die Kaserne in York, die Fabriken in Manchester. Eine Zeitlang dachte er ernsthaft daran, sich aus dem schicksalslosen Landleben herauszureißen, nach Ägypten zu gehen, in Indien englische Dienste zu nehmen. Er fühlte sich einsam, verlassen, unbefriedigt, verwahrlost; er sehnte sich nach einer Arbeit, die die Kräfte wirklich anspannte, und nach der Liebe einer edeln Frau.

Bismarck begann wieder dem Staate zu dienen, wenn auch nur in einem sehr lockeren Verhältnis. Sein Bruder Bernhard wurde Landrat des Naugarder Kreises, in dem die Güter lagen; und Otto wurde Deputierter, d. h. einer der beiden Vertreter des Landrats, und hatte als solcher Gelegenheit, sich mit der Bureaukratie zu zanken, jetzt ganz der junkerliche Gegner des modernen Staates. Berühmt ist sein Satz über das staatliche Enteignungsverfahren geworden: „Sie können es mir gar nicht mit Geld bezahlen, wenn sie den Park meines Vaters in einen Karpfenteich oder das Grab meiner seligen Tante in einen Aalsumpf verwandeln." Sogar eine Wiederaufnahme seiner Referendarstätigkeit hat Bismarck nach fünfjährigem Leben auf dem Lande in seiner Richtungslosigkeit versucht. Aber das Ende kam schnell. Die Legende weiß viel davon zu berichten; sicher ist, daß er seine Vorgesetzten miserabel behandelte, und daß beide Parteien schließlich einsahen, es ginge nicht. So wird er aufs Land zurückgeworfen, in die ständische Selbstherrlichkeit; er ist wieder allein mit seiner Unruhe und seinem suchenden Sinn. Die endliche Befestigung war das Resultat einer neuen schweren seelischen Erschütterung.

Otto von Bismarck verkehrte freundschaftlich mit den Herren der Nachbargüter, den Thadden und Blanckenburg, den Hauptführern des pommerschen Pietismus. Gehörte er innerlich und geistig da hinein? Der Zweifel quälte ihn tief; er las die Junghegelianer, Strauß, Feuerbach, Bruno Bauer. Er bekannte sich als Pantheisten und verteidigte seine Anschauung gegen das positive Christentum seines Kreises mit Heftigkeit, aber unbefriedigt, traurig, voll Schwermut. Das Dasein, sein eigenes und deshalb das Dasein überhaupt, kam ihm sinnlos vor, „ein beiläufiger Ausfluß der Schöpfung, Staub vom Rollen der Räder". Das war Stimmungsphilosophie, keine philosophische Spekulation; es war das Weltgefühl und die Weltanschauung eines starken und tapferen Mannes eigener Art, der im Gegenständlichen der Sinnenwelt lebte. Hegel, an dem er sich versucht hatte, gab ihm nichts; das Positive des Systematischen, in seiner Eigenständigkeit so abgelöst von der Körperfarbe der Erscheinung, konnte ihn nur abschrecken. Es handelte sich für Bismarck um den Wert der alten einfachen Begriffsmächte Gott und Vorsehung. Er verzweifelte an der detaillierten Vorsehung und dem persönlichen Gott der Kirchlichen, und sein Inneres brauchte doch eine Sicherheit.

Er las unendlich viel, voll hungernder Sehnsucht: volks- und landwirtschaftliche Schriften, Geographisches, sehr viel Geschichte — Geschichte von der alten stofflich überreichen Art; aber es war ihm wohl bei Schlachtenlärm und Diplomatenkunst, bei Staatsumwälzung und Völkergeschick. Die Zeitdichter Anastasius Grün, Lenau, Freiligrath kannte er alle; auch George Sand, Eugen Sue, Bulwer. Er las das nicht als ein literarischer oder gar literarhistorischer Mensch aus dem Bedürfnis nach Kennerschaft, sondern als ein rechter Gegenwartsfroher, dessen starker Lebens- und Kunsttrieb sich wesentlich an den Künsten des Tones, der Poesie und Musik, befriedigte. Zu den Künsten des Stoffes, der Malerei und Plastik, hat er kaum je ein Verhältnis gewonnen. Beethoven und Lord Byron waren zeitlebens seine Heroen. Lord Byron hat er sich gerade in diesen Jahren erlebt, den Dichter der finsteren Zerrissenheit. Das Dämonische seines eigenen Innern fand er hier gestaltet. Die düstere Gewalt dieser Strophen berauschte ihn — er selbst ein Stück von Sturm und Nacht. Die romantischen Schauer der Schwermut und der Wehmut waren auch seinem Pietistenkreis vertraut: da ist sein Freund Moritz Blanckenburg, mit dem er einen geistlichen Briefwechsel führt, da ist die warmblütige schwungvolle Marie Thadden, Blanckenburgs Gattin, die Jean Pauls Titan ihre weltliche Bibel nannte, die sie herunterstürzte wie ein Glas Champagner, die für ihren Moritz eine tief ewig blaue Blume pflückte, für den wilden arroganten Freund Otto, der so anziehend war, aber eine blutrote Rose; und neben dieser stolzen, trotz all der Geistigkeit sinnlich frohen Schönheit steht unscheinbarer, begrenzter, kühler, aber inniger und wahrer die schwarze Freundin Johanna von Puttkamer.

Otto von Bismarck war der problematisch interessante, der starke, leidenschaftliche, innerlich zerrissene Held dieses romantischen Kreises, der seine Blumensymbolik von Novalis lernte, der sich versenkte in die gefühlvolle Musik Felix Mendelsohns, der schwelgte in Clemens und Bettina Brentano. Immer stand freilich Bismarck ein wenig außerhalb der Schwärmerei; bei aller künstlerischen

Nervensensibilität, dem Erbteil seiner Mutter, war er doch zu gesund, zu diesseitig, zu stark, um seinen Realismus der Romantik preiszugeben. Die Verse, die er an Marie Blanckenburg richtete, als sie ihm einmal seinen Mangel an Poesie vorwarf, zeugen dafür:

„Am letzten Sonntag sagten Sie,
Es fehle mir an Poesie.
Damit Sie nun doch klar ersehn,
Wie sehr Sie mich da mißverstehn,
So schreib' ich Ihnen, Frau Marie,
In Versen, gleich des Morgens früh.
Ich würde zwar poet'scher sein,
Am Abend bei des Mondes Schein
Und wenn statt Kaffee neben mir
Champagner stünd' und bayrisch Bier" usw.

Burschikos und blasiert ist das Äußere; zart und voll Schmerz ist das Innere. Und wie ein echter romantischer Held hat der Weltenstürmer, der das All durchsuchte und durchkostete, sich zur Klarheit und Festigkeit durchgerungen erst durch die Liebe zu einem reinen Kinde: Hyazinth fand Rosenblütchen. Bismarck hatte von Johanna von Puttkamer viel durch die Blanckenburgs gehört und sie dann in Cardemin gesehen. Genau und entscheidend lernte er sie auf einer mit den Freunden unternommenen Harzreise kennen: ein seltsames edles Geschöpf, durch und durch musikalisch, fromm, delikat, frisch und rein wie ein Wiesenquell, von frei sprudelnder Originalität. Ihre Züge bestachen nicht, sie waren weich, ungeprägt, slawisch. Aber ihr ganzes tiefes, starkes Wesen leuchtete aus großen dunkeln Augen.

Die Schwierigkeit für Bismarck, Johannas Hand zu erhalten, war groß: er das Weltkind, sie die Tochter ganz pietistischer Eltern aus dem hintersten Pommern. Da bringt ein äußeres Ereignis eine tiefe seelische Wandlung in Bismarck hervor. Marie Blanckenburg, die junge blühende Frau, erkrankt tödlich. Wie ihr Gatte hatte sie sich um Bismarcks Seelenheil mit schwesterlicher Zärtlichkeit gesorgt, und vielleicht haben sich in ihm und in ihr noch wärmere Gefühle geregt, die sie feinfühlig niederzwangen. Aber jetzt brach es aus: in ihrer Todesnot beschäftigte sich die Sterbende mit ihm, immer wieder mit ihm. Bekehre dich, bekehre dich, läßt sie ihm sagen; es sei die höchste Zeit. Und in ihren Fieberphantasien begrüßt sie ihn im Glaubenssaal als ein gerettetes edles Glied. Und er? Er betete in tiefster Angst und Inbrunst für ihr Leben, zum erstenmal wieder ohne Grübeln und Vernünftigkeit. Aber Marie Blanckenburg starb; und ihr Vermächtnis gleichsam war der Glaube an Gott und die Freundin Johanna.

Bismarcks Gläubigkeit wurde erst durch die Liebe entschieden; so kam er zu einem Ziele, nach dem sein innerstes Wesen rang. Der souveräne Egoismus seiner aktiven Natur hätte ihn ohne einen obersten Rückhalt zerschellt. Er war keine religiöse Natur; aber er beugte sich nun demütig vor dem Göttlichen, und zwar dem Göttlichen in der Formung, wie er es in dem Leben und Sterben geliebter Menschen beglückend wirksam sah. Ein Orthodoxer und Kopfhänger in der platten Art wurde Bismarck natürlich nie; ebenso wie er welterlösender Mystik immer fremd war. Aber ein Positiver ist er geworden, der in gegebenen Formen das Ewige verehrte und zu dem Gotte seiner Art in ein kraftvolles Vertrauensverhältnis trat. Ihm, dem Gestalter des neuen deutschen Zeitalters, wurde diese ganz persönliche Gläubigkeit, die, so entschlossen sie war, doch in späten Jahren nicht unerschüttert geblieben ist, der starke Lebenswert, den in der Epoche des Klassizismus die Humanität den Führern der Deutschen gegeben hat. Der geistige Umschwung Otto von Bismarcks ist ein aus dem tiefsten Innern emporwachsendes epochemachendes Ereignis seines Lebens. Den etwas engen und ängstlichen Eltern Johannas von Puttkamer hat er es in ihrer Sprache diplomatisch beruhigend gedeutet. Und zuletzt hat er bei dem entscheidenden Besuch auf dem Gute der Schwiegereltern die schwierige Situation, die weitläufige Verhandlungen vermuten ließ, durch eine schnelle Tat echt bismarckisch überwunden: er erteilte, wie er köstlich schreibt, seiner Braut einfach die Akkolade.

Der Briefwechsel, den Bismarck mit seiner Braut und Gattin geführt hat, ist ein deutsches Hausbuch geworden: er ist ganz lebendige Frische, ganz quellende Kraft. Wie er ihr seine Geschäfte, seine Stimmung, seine Liebe schildert, wie er sich in sie einlebt und ihre Bangigkeit ermutigt, wie er Mißverständnisse überwindet und zu einem neueren feineren Verständnis überleitet, wie er mit der Meisterschaft eines großen Schriftstellers schnell, sicher, kühn das All abmalt, von der Groteske bis zum Erhabenen, wie er sich, seine Persönlichkeit dadurch stärkt und behauptet im Verhältnis zu Gott und Welt: alles das ist wahrhaft schön und echt.

Johanna erscheint aus seinen Briefen etwas zu wehleidig, zu zaghaft und leicht zu verstimmen. Ihre eigenen Briefe, die gemäß der Bestimmung des Fürsten Herbert Bismarck nicht veröffentlicht werden, würden ihr Bild wesentlich klarer und wahrer zeichnen. Sie besaß eine bestechende Fähigkeit, die leisen Regungen ihres mädchenhaften Empfindens eigentümlich und treffend in Worten abzuformen. Ihre Fröhlichkeit hatte etwas ergötzlich Fortreißendes, ihre Melancholie war ergreifend: beide kamen aus einem warmen bewegten Herzen.

1847 heiratete Bismarck. Sein inneres Leben hatte so die Ruhe und Stetigkeit gewonnen; sein äußeres hatte sich schon vorher endgültig bestimmt. Seit dem Tode seines Vaters 1845 bewirtschaftete er Schönhausen; er übernahm die Deichhauptmannschaft. Und hier in der Altmark schloß er sich nah mit seinen Standesgenossen zusammen, auch politisch. Bei der Frage der Patrimonialgerichtsbarkeit zeigte er, was er nun war: ein Feind der Bureaukratie vor allem, ein Monarchist, der aber, wenn nötig, allertreueste Opposition machte im ständischen Interesse.

Und 1847 trat er zum erstenmal in die große Öffentlichkeit als Mitglied des Vereinigten Landtags.

Der preußische Staat und die deutsche Revolution

Die Familie Bismarck und die Familie Mencken verkörpern uns die beiden Grundlagen des Staates, den ihr Sproß zur welthistorischen Größe führen sollte. Mit seinem Adel und durch sein Beamtentum hat die Hohenzollernsche Dynastie sich ihren preußischen Staat geschaffen; und in Aristokratie, Bureaukratie und Königtum ist der Geist dieses Staates seitdem immer begriffen gewesen. Er bedeutete in dem deutschen Nordosten, im Mündungsgebiet der großen Ströme, und dann am Rhein eine Machtbildung durchaus persönlicher Art. Der Ehrgeiz einer resoluten Herrscherfamilie hat hier von Generation zu Generation, aus Bescheidenheit und Dürftigkeit heraus, durch energische Zusammenschweißung fremder Trümmer einen Großstaat geschaffen und dieses Gebilde des militärischen Zwangs in harter Kulturarbeit, in selbstaufopfernder Fürsorge vereinheitlicht. Den Gipfel dieser preußischen Regentenarbeit stellt das Werk des Großen Königs dar. Sein Heroismus und seine Genialität haben diesem Staatsleib das Nationalgefühl gegeben, das ihn durch die Fährnisse und Schicksale der Folgezeit als eine geistige Notwendigkeit erhielt.

Das absolute Königtum der Hohenzollern schuf sich aber durch seine allem Sondertum feindliche nivellierende Tätigkeit selbst den großen Gegner: das moderne Staatsbürgertum, das nun die harte Zentralisation, die polizeimäßige Bevormundung, die eigenwillige Regelung des wirtschaftlichen und sozialen Lebens, besonders die militärische Rauheit und Zucht kritisch prüfte und zersetzte. Dem preußischen Wesen treten die neuen Ideale der Einheit, der Freiheit, der Deutschheit entgegen. Würde sich das preußische Sondertum behaupten können? Würde es dem Deutschtum gelingen, auf sich selbst zu stehen? Konnten sich vielleicht diese entgegengesetzten geistigen Kräfte durchdringen und versöhnen?

In diesen Fragen beruht das Schicksal unseres Volkes im neunzehnten Jahrhundert.

Das Deutschland Wolfgang Goethes und das Deutschland Otto von Bismarcks werden durch wenig mehr als durch ein Menschenalter getrennt. Der Umwandlungsprozeß, den die klassizistische, literarische, kosmopolitische Welt durchgemacht hat, um eine praktisch-politische, nationale Welt zu werden, hat seine große Krisis in der Revolution von 1848. Es waren zwei Ideen, die das junge, zum Leben erwachende deutsche Bürgertum erfüllten: die Idee des Vaterlandes und die Idee der Freiheit. Die Vaterlandsidee entsprang dem neuen Bewußtsein einer einheitlichen nationalen Kultur. Das deutsche Volkstum war sich an seiner Kunst und seiner Geschichte klar über seine Einzigkeit, seine seelische Größe, seine geistige Schöpferkraft geworden, und es glaubte nun, auf die Gefahr des Unterganges hin, die Forderung nach großer staatlicher Form und Macht stellen zu dürfen. Die Idee der Freiheit hat viel ältere Ursprünge. Renaissance, Reformation und Aufklärung haben den künstlerischen, ethisch-religiösen und intellektuellen Menschen erzeugt: den Menschen, der sich selbst als ein geistiges Ganzes setzt im Gegensatz zur Gruppe, zum Stand, zur kirchlichen und geistigen Zunft, den unteilbaren autonomen Menschen, die Persönlichkeit. In der Französischen Revolution hat dieser individualistische Geist die Gesamtheit von Staat und Gesellschaft zu vergewaltigen versucht. Nicht nur Gedanken, nicht nur Handeln, Schaffen und Lebensführung, auch Besitz, Arbeit, öffentliches Leben sollten sich nach der persönlichen Freiheitsidee gestalten: ein Ideal von eminenter hinreißender Kraft, eine Illusion von verhängnisvollem Optimismus.

Vaterlands- und Freiheitsidee haben das deutsche Bürgertum im neunzehnten Jahrhundert widerstreitend erfüllt; an ihnen haben sich die ersten Parteibildungen orientiert; an dem inneren Gegensatz dieser beiden Ideen ist die Revolution von 1848 gescheitert; sie beide doch zu vereinigen, den Machtstaat der preußischen Tradition mit dem Ideal des freien Volksstaates wenigstens in gewissem Sinne versöhnt zu haben, das ist die weltgeschichtliche Großtat Otto von Bismarcks.

Der Vereinigte Landtag Friedrich Wilhelms IV. war eine aus den acht Provinzialkörperschaften gebildete neue Zentralkörperschaft, gegliedert in eine Herrenkurie und eine Kurie der drei Stände: Ritterschaften, Städte, Gemeinden — eine bewußt im Gegensatz zu den Lehren des modernen Konstitutionalismus geschaffene Neubildung in dem monarchisch-bureaukratischsten aller Staaten, eine Neubildung zudem ganz aus absolutistischer Machtvollkommenheit ohne Anerkennung eines Anrechtes. Preußen — so wollte es sein König — sollte ganz aus dem Wesen seiner Staatspersönlichkeit heraus eine Verfassung entwickeln als Fortsetzung des Bestehenden, als Betätigung der realen Mächte, ohne fremde Vorbilder und Dogmen. Zum ersten Male trat das altpreußische Königtum dem führenden Stande der Zeit, dem liberal und national gestimmten Bürgertum, auf einem einheitlichen Kampfplatz gegenüber. Und die Anschauungen der liberalen Rheinländer und Ostpreußen beherrschten die neue Versammlung, beherrschten die nächste Entwicklung Preußens und Deutschlands. Welch ein Gegensatz! Hier diese mutig und freudig vorwärtsdrängenden Männer, diese eifrig und nützlich tätigen Helden bürgerlicher Arbeit, Männer wie Beckerath, Mevissen, Hansemann — und auf der anderen Seite der König: tiefer und reicher als sie alle, von warmen Gefühlen und weltweiten Gedanken beherrscht, feinnervig und beweglichen Geistes, irrational und ungeschäftlich durch und durch, und deshalb nicht imstande, die Brücke zwischen Idee und Verwirklichung zu schlagen; in seinem intuitiven Geschichtsbewußtsein großen Wahrheiten nahe, bei all dieser Weisheit aber geschlagen mit der Erfolglosigkeit eines Toren.

Otto von Bismarck, der als Vertreter eines erkrankten Abgeordneten verspätet, im Mai, in den Vereinigten Landtag eintrat, fühlte sich hier sofort wie selbstverständlich im Gleis. Er fand sein Lebenselement, den großen politischen Kampf. Nach wenigen Tagen schon kam er höchst charakteristisch zu Wort. Der Abgeordnete von Saucken hatte die Bewegung von 1813 erwähnt: es handele sich nicht dabei um den Haß gegen den Eroberer — ein edles gebildetes Volk wie das preußische kenne keinen Nationalhaß; sondern das Volk habe den König damals emporgetragen, damit er ausführen könne, was er in weiser Absicht beschlossen habe, die Verfassung. Das bestreitet Bismarck: es sei kein Verdienst gewesen, sich schließlich aus Notwehr gegen die Prügel zu erheben. Diese derbe, so wenig sentimentale Auffassung der Lieblingsepoche der Freiheitsgläubigen rief einen Entrüstungssturm hervor. Bismarck, nochmals auf der Tribüne, antwortete auf die Pfuirufe, indem er sich auf dem Rednerpult umdrehte, und der Versammlung zeitunglesend den Rücken kehrte.

Die kurze Episode bezeichnet schon den ganzen Bismarck. Er sieht im Gegensatz zum Liberalismus im Staat einen tatsächlichen Machtausdruck. Für ihn ist der Staat schon damals keine Anstalt, die man rationell einrichtet, sondern ein lebendiges Wesen, dessen Schicksal durch den Willen, es selbst zu bleiben, und durch äußere Reibung bestimmt wird. Alles Phraseologische, alles Konstruierte, alles, was an importierte Schablone erinnerte, lehnte er aber ab. Darin unterscheidet er sich von den Doktrinären des Royalismus, seinen nächsten politischen Freunden, den Brüdern Gerlach. Er diskutiert mit ihnen in ihrer Sprache, er bemüht sich auch um Formeln, aber es kommt ihm im Grunde nicht darauf an; das Wichtige ist ihm das Praktische: keine Beeinträchtigung der Krone durch Parlamentsrechte. So gehört er also zur extremen legitimen Minderheit: er verficht den christlichen Staat gegen die jüdische Emanzipation, er wirft den Liberalen ihr Handeln um die Ostbahn nach Königsberg als politische Nötigung vor.

Das ist also der früheste politische Bismarck: ein Parlamentsredner, knapp, scharf, sehr originell, kein Deklamator, den Augenblick ganz ergreifend und ausfüllend, und deshalb ein gefährlicher und verwegener Debatter. Das Ritterliche seiner Art erkannten selbst die Gegner an; er war eben fern von Pedanterie und Vorurteil. Und schon äußerlich schien er bedeutend: eine lange Gestalt, ein runder Kopf mit kurzem Vollbart, das Haupthaar schon gelichtet, große, starre, bohrende Augen.

Nach diesen Anfängen konnte Bismarcks Stellung zur Revolution von 1848 nicht zweifelhaft sein. Er verneinte sie absolut. Hätte er damals die Macht gehabt, er hätte sie militärisch niedergeschlagen. Dem General v. Prittwitz, der ihn nach Aushilfsmitteln fragte, trommelte er auf dem nächsten Klavier den Sturmmarsch der Infanterie vor. Zunächst machte der Sieg der Revolution Bismarck zum Don Quixote der Legitimität. Er wurde von einem Weinkrampf befallen, als er in der Kammer erklärte, es sei ihm jetzt unmöglich, die neue Ordnung der Dinge dankbar zu begrüßen. In das Frankfurter Parlament oder die Berliner Nationalversammlung gewählt zu werden, hatte ein solcher Ultra natürlich keine Aussicht. Er blieb, was er war; er wurde es womöglich noch heftiger und hartnäckiger. Gegen die revolutionäre Gleichheit protestierte er, indem er das „von" vor seinen Namen bei Unterschriften setzte, was er bis dahin nicht getan hatte. Die Zusammenscharung der konservativen Elemente und die systematische Bekämpfung der siegreichen Revolution begann aber bald. Das Organ dieser neuen Partei wurde die im Sommer 1848 begründete Neue Preußische Zeitung, bald nach dem Symbol auf dem Titelblatt, dem Eisernen Kreuz, Kreuzzeitung genannt. Bismarck wurde bald ihr eifriger Mitarbeiter.

Im April 1848 hatte Bismarck den Staatsstreich gewünscht; er selbst wollte seine Bauern dem König zu Hilfe führen. Im November erfolgte dann das Notwendige, nachdem die Berliner Nationalversammlung die alten tief wurzelnden Mächte unerträglich herausgefordert hat. Die Verfassung wurde oktroyiert — zum Schrecken der Partei Gerlach; Bismarck, staatsmännischer als sie, fand die Lösung erträglich: „Wenn man viele Schulden hat, so ist man schon froh über einen Taler", schrieb er. Der Kampf begann jetzt erst recht. Bismarck wurde in Brandenburg zum Abgeordneten in die neue Kammer gewählt und bekannte seinen Standpunkt gleich in der Rede gegen die für die Revolutionäre beantragte Amnestie.

Daß die Revolution eine große politische und soziale Umwälzung bedeutete, daß sie dem deutschen Volkstum eine entscheidende innere Klärung brachte, das verstand der Bismarck von damals nicht; davon wollte er nichts wissen, das ging ihn nichts an. Er vertrat einfach seinen naiven Royalismus, derb und gewinnend, unreflektiert und ohne blutrünstige Rachsucht. Die Gegner fanden seinen kräftigen Freimut sympathisch und amüsant. Wie bezeichnend sind die Worte, die er über die Frankfurter Kaiserkrone sprach! Nur was der preußischen Konstitution entspricht, ist für ihn konstitutionell; diese fremden Frankfurter Staatsgründer wollen ein altes Staatsgebäude unterhöhlen und umstürzen, das Jahrhunderte des Ruhmes und des Patriotismus aufgerichtet haben. ... „Die Frankfurter Krone mag sehr glänzend sein, aber das Gold, welches dem Glanze Wahrheit verleiht, soll erst durch das Einschmelzen der preußischen Krone gewonnen werden."

Und so lehnte er auch die Unionspolitik Friedrich Wilhelms IV. und seines Radowitz skeptisch ab. Er schrieb damals der Gattin: „Die deutsche Frage wird überhaupt nicht in unseren Kammern, sondern in der Diplomatie und im Felde entschieden, und alles, was wir darüber schwatzen und beschließen, hat nicht mehr Wert als die Mondscheinbetrachtungen eines sentimentalen Jünglings, der Luftschlösser baut, und denkt, daß irgendein unverhofftes Ereignis ihn zum großen Manne machen werde. Je m'en moque." In einer großen Rede skizziert er die wahren Aufgaben einer national-preußischen Politik. An Friedrich den Großen erinnert er: mit demselben Rechte, mit dem er Schlesien eroberte, hätte man den Deutschen nach Zurückweisung der Frankfurter Krone die neue Konstitution diktieren müssen, den Degen in der Hand. Und er feiert die preußische Armee: kein Soldat hätte noch gesungen „Was ist des Deutschen Vaterland"; aber das andere Lied kennten sie „Ich bin ein Preuße". Das war also seine Lösung des Problems der Einheit: vom altpreußischen Staat Friedrichs des Großen zeigt er den Weg nach seinem neuen Großpreußen.

Und wie faßt er die Freiheitsidee auf? Er wagt es, den konstitutionellen Dogmatikern ins Gesicht zu sagen, daß sie Worte gebrauchten, weil die Begriffe fehlen; daß es sich bei Verfassungsfragen nur um den Vorteil Preußens handle; daß französische oder englische oder belgische Maßregeln nicht vorbildlich seien. „Die belgische Verfassung", sagt er einmal, „ist achtzehn Jahre alt. Ein sehr schönes Alter für junge Damen, aber nicht für Verfassungen." Und den Dogmatikern des englischen Zweikammernsystems setzt er mit praktischer Sachkenntnis auseinander, welchen Einfluß die englische Landaristokratie von jeher in den öffentlichen Angelegenheiten ausgeübt habe, und was dort die Traditionen und der common sense bedeuteten. Ebenso scharf wandte er sich gegen den Parlamentarismus als politisches System: es sei ein populärer Irrtum, daß die Volksvertretung den Zustand und die Bedürfnisse einer ganzen Nation zutreffend abspiegelte. Eine solche Repräsentation verglich er der Quadratur des Zirkels. Und wie mannhaft verteidigte er den tapferen verdienstvollen preußischen Adel; von der Schlacht bei Warschau bis zu den Mauern von Rastatt habe sein Blut die Wurzeln der preußischen Freiheit befeuchtet.

Diese Reden von 1849 enthalten also die wesentlichen Züge seiner damaligen Staatsanschauung: preußischer Partikularismus, Privilegien der Krone, traditionelle Rechte des Adels. Die Reden machten den Redner bekannt; er war ein kommender Mann, tanzte auf allen höfischen Bällen und jagte mit König Friedrich Wilhelm IV. — vielmehr e r jagte, und der König las in einer Waldecke ein Lustspiel von Shakespeare. Sehr interessant ist eine sozialpolitische Äußerung Bismarcks aus dieser Zeit. Als ein guter Absolutist und Schüler Friedrichs des Großen hält er nicht viel von Freiheit der Industrie; er findet, daß die durch diese Freiheit erreichte Billigkeit der Waren erzielt wird durch elende Lebenshaltung der Arbeiter: also Bindung auch hier durch die Autorität des Staates. Als ein starkes Glied des Staatskörpers muß die Arbeiterschaft benutzt werden.

Entscheidend für Bismarcks Leben wurde seine Stellungnahme zu der „Schmach von Olmütz". Preußen mußte damals bekanntlich vor Rußland und Österreich zurückweichen und das Projekt eines starken zentraleuropäischen deutschen Staatsgebildes aufgeben. Der Krieg, der beinahe schon ausgebrochen war, wurde so vermieden, wohl zum Glück des preußischen Staates, der ihn, wie es scheint, damals kaum hätte siegreich durchführen können. Bismarck verteidigte in einer großen Rede die Regierung: die einzige Grundlage eines großen Staates, argumentiert er darin, ist der politische Egoismus und nicht der romantische Geschmack; der Krieg mit

Österreich berührt nicht die Lebensnerven des deutschen Staates. Er wies auf andere große Staaten hin, die auch unbeschadet ihrer Ehre vor einem solchen Krieg sich gescheut hätten: Frankreich 1840, Österreich, England. Waren Kurhessen und Schleswig-Holstein einen Krieg wert?, fragte er. Österreich bezeichnete er als ehrwürdige alte deutsche Macht und als preußischen Bundesgenossen. Wie geschickt setzte er so die Tatsachen in ein neues Licht. Er, der soldatische Edelmann, redete zum Frieden; er, der stolze Preuße, verhüllte die Großmachtinteressen seines Staates. Es ist vielleicht sein erstes diplomatisches Meisterstück: er machte aus der peinlichen Niederlage einen Sieg.

Er durfte es: denn er konnte diese Niederlage in einen besseren Triumph verwandeln.

Der Diplomat

Fürst Felix Schwarzenberg ist der Sieger der deutschen Krisis, die der Volksbewegung von 1848/49 folgte. Er hat den preußischen Staat gezwungen, auf alles Neue zu verzichten und sich mit der Wiederherstellung des Bundes und des Bundestags zufrieden zu geben. Schwarzenberg, nicht Radowitz, ist der starke und praktische politische Kopf der Epoche; die althabsburgische Macht, die Tradition des zentralistischen Beamten- und Militärstaates, hat in ihm einen letzten bedeutenden Vertreter gefunden. Eine Erscheinung, die uns fremd und starr anmutet, die aber von dem Geschichtsschreiber neben Metternich gesetzt werden muß. Der preußische Staat ist durchaus in dem nun wiederhergestellten freundschaftlichen Verhältnis zu Österreich der schwächere und gehorchende Partner.

Der Politiker Otto von Bismarck ist damals ein ausgeprägter Parteimann gewesen. Er wollte das Interesse seines Staates und seines Standes, das eine mit dem anderen und durch das andere. Dem deutschen Betrachter von Heute erscheint auch er fremd und befangen; was ihn von Anfang von den konservativen Parteimännern schied, haben wir gesehen: es wird jetzt immer deutlicher. Die Rede über Olmütz von 1850 machte Bismarck zum Intimus des Ministers Manteuffel, dessen Namen den Vertrag deckte, zum Intimus auch des österreichischen Gesandten Prokesch, der jetzt in Berlin die österreichisch-deutsche Verständigung herstellen half. Mit dem Universitätsprofessor Stahl, dem Dogmatiker des autoritativen Staatsgedankens, mit Wagener, dem Redakteur der Kreuzzeitung, mit den beiden Brüdern Gerlach arbeitete Bismarck in täglichen Beratungen zusammen, als der Heißsporn dieser Kamarilla. Er war einer der Führer dieses Kreises, der betriebsamste und erfinderischste, aber er gehörte ihm doch nicht restlos an. Sein Innerstes wehrte sich immer wieder gegen die Pedanterie feudaler, legitimer, pietistischer Glaubenssätze. Wieviel Kontraste vereinigte er mit seiner unbefangenen reichen Persönlichkeitskraft: den guten Hausvater, der seiner fernen Frau Ratschläge über Kindererziehung und Kinderpflege gibt, den Weltmann, der jede Nacht gewaltige Mengen Eischampagner vertilgt und stundenlang tanzt, angeblich, um besser schlafen zu können, den kirchlich Gläubigen, der im Bett Psalmen und Bibel liest, den politischen Intriganten, der Zeitungsartikel studiert und schreibt, der schonungslos die Gegner an den wunden Gliedern packt, voll des naiven und souveränen Egoismus, mit dem er seinen ganzen Staat ausfüllen sollte.

Wieviel hat Bismarck in den vier Jahren seiner parlamentarischen Tätigkeit gelernt! Er kennt die Möglichkeiten und Tücken solcher Versammlungen, er kann unbekümmert, scharf und interessant zu solch vielköpfigem Körper reden, er ist in viele finanzielle, handelspolitische, verwaltungstechnische Fragen hineingekommen — ohne Amt ist er Geschäftsmann geworden. Er galt in seinem Kreis schon jetzt als zukünftiger Minister. Und Friedrich Wilhelm IV. gab ihm das Amt, das er brauchte, und das ihn brauchte — er schickte ihn 1852 als preußischen Bundestagsgesandten nach Frankfurt. Wer konnte dem Österreich Schwarzenbergs genehmer sein als der Mann, der gesagt hatte, seit den Hohenstaufen habe Deutschland keine so geachtete Stellung gehabt — die spanischen Zeiten Karls V. ausgenommen — als zur Zeit des Bundestages!?

Zunächst wurde Bismarck als Geheimer Legationsrat dem General von Rochow beigegeben: es war sein eigener Wunsch, sich so in das Äußere und Formale des Dienstes einarbeiten zu können. Dieser große, kluge Geist hat das Recht des Kleinen zu werten gewußt. Nach zwei Monaten ging Rochow nach Petersburg, und Bismarck war der selbständige Vertreter seines Staates an dem Frankfurter Posten, der als einer der vornehmsten galt und jetzt nach der Revolution einer der wichtigsten war.

Der Junker aus Pommern und der Mark kam jetzt in die eigentümliche, mit nichts zu vergleichende Welt der alten Reichsstadt, jetzt freien Republik am Main: die Stadt süddeutsch und bürgerlich in ihrem ganzen Charakter; ein stattliches, durch Handel wohlhabend gewordenes Patriziat, verschiedene Typen darin: der Kreis der Senatoren, streng, bureaukratisch, rechtsgelehrt, seit Generationen stolz und patriarchalisch; die Großkaufmannschaft weltgewandt, weltkundig, mit Pariser Geschmacksrichtung, den bildenden Künsten mäzenatisch zugeneigt; daneben, damals noch beengt, aber eigener Ehre und Würde sicher, die Judenschaft. Dies war die obere Schicht. Die breite untere dehnte sich behaglich und gemütlich in der lieben ehrwürdigen Stadt aus, lokalpatriotisch und kosmopolitisch, zu nützlichem Schaffen bereit, in kecker Rede gewandt, fleißige Handelsleute und Handwerker voll fröhlichen Temperaments und tüchtiger Bildung, herber Staatszucht und großer nationaler Leidenschaft gleich fern. Politisch war die obere Schicht seltsam gefärbt: ein höchst charakteristisches Ergebnis der staatslosen Existenz. In ihrer Stadt waren sie natürlich konservativ. Das alte Herkommen, die alte Verfassung waren heilig. In den Fragen des großen Deutschlands hatten die Meisten unbestimmt liberale Anschauungen. Da wirkten die westlichen Einflüsse, das Beispiel französischer, belgischer, englischer Freiheit. Königlicher und militärischer Autorität gegenüber fühlte man geradezu republikanisch. Eine kleine Schicht zeigte 1848 und später kleindeutsche Sympathien; die große Masse war unbedingt österreichisch. Dahin wies die Stammessympathie und das finanzielle Interesse. Die breite bürgerliche Schicht war natürlich demokratisch, zum geringeren Teil erfüllt von idealistischer Humanität, zum größeren Teil eingeschworen auf die Lehrsätze revolutionärer Staatskunst. Ein Proletariat, das praktische Staats- und Gesellschaftsfeindschaft getrieben hätte, gab es nicht.

Und diese altdeutsche Stadt, um deren wuchtigen Domturm sich malerische Giebelhäuser scharten, diese Stadt der römisch-kaiserlichen Traditionen und Wolfgang Goethes, war in der kaiserlosen Zeit des neunzehnten Jahrhunderts das altmodische und gotisch schnörkelhafte Zentrum eines lockeren Großdeutschland geworden. Es residierte hier als ein Hof ohne Haupt der Bundestag, der ewige Gesandtenkongreß ungleicher Brüder. Alle Eigenheiten einer Diplomatenstadt hatten sich in Frankfurt ausgebildet und verbanden sich seltsam mit den ähnlichen der großen Bourgeoisie. So entstand eine Welt voll bunten und bewegten Gesellschaftslebens, die an Üppigkeit mit den großen Zentren politisch-höfischen Lebens konkurrieren durfte. Das Frankfurt von damals ist eine einzige Menschen- und Lebensschule gewesen. Und weil von hier aus die Verhältnisse der deutschen Politik am besten zu überschauen waren, wurden auch als auswärtige Gesandte nie Männer ohne Bedeutung nach Frankfurt geschickt. Zu Bismarcks Zeiten vertrat Lord Cowley, ein Neffe Wellingtons, England, Tallenay Frankreich, dessen Sekretär Graf Gobineau gewesen ist. Der Wichtigste für Bismarck war der Vertreter Österreichs, der Präsidialgesandte Graf Thun, der rechte diplomatische Kavalier Wiener Schule, hochmütig und verbindlich, als Roué posierend, scheinbar oberflächlich in Geschäften, aber durch die Überlegenheit seiner Arroganz sehr einflußreich.

Bismarck kam nach Frankfurt als Anhänger des österreichischen Bündnisses. Erst hier erkannte er richtig, was es für die Großmacht Preußen bedeutete. Er bekam jetzt das Gefühl für europäische Pflichten und Notwendigkeiten, und er entwickelte seine Grundideen von dem starken monarchischen Preußen in einer neuen Richtung. Er sah, daß die Geltung eines großen Staates nicht von den inneren Momenten entscheidend abhängt. Nach außen, in Deutschland mußte Preußen sich mächtig zeigen, wenn es etwas in der Welt sein wollte. Nicht die Revolution war Preußens Gegner, wie die Legitimisten predigten, sondern Österreich. Die Revolution — konnte sie nicht Preußens bester Verbündeter werden, wenn es Deutschland erobern wollte? Zunächst lagen solche Möglichkeiten noch fern; daß aber die preußische Großmachtsfrage mit dem deutschen Einheitsproblem identisch war, diese Erkenntnis sollte der größte Gewinn der Frankfurter Zeit für Bismarck sein. Vor sechs Jahren war er noch ein unbekannter Landedelmann gewesen. Jetzt schuf er dem mächtigen österreichischen Rivalen gegenüber sich und seinem Staate eine Position. Im Kleinen und Persönlichen zuerst, wenn er dem Herrn Präsidialgesandten Höflichkeit angewöhnte und das gleiche Rauchrecht in Anspruch nahm. Große und wichtige Angelegenheiten ergaben sich bald. Bismarck mußte in Sachen der Zollvereinsverträge 1852 nach Wien, und die österreichische Diplomatie wollte das politisch momentan so intime Verhältnis zu wirtschaftlichen Zwecken ausnutzen. Bismarck ließ sich nicht fangen; er wollte gleich in Wien eine kategorische Erklärung abgeben, daß an einen Zollbund zwischen Preußen und Österreich nicht zu denken wäre. Manteuffel wünschte eine Abschwächung; jedenfalls erreichte es Bismarck, in dieser schwierigen Sache die österreichischen nationalen Ansprüche zu lähmen und das Materielle in der materiellen Sphäre festzuhalten. Von größtem Wert war es für Bismarck, an Ort und Stelle die Verhältnisse des Freundes und Gegners zu studieren. Er tat es mit den klugen Ohren eines Staatsmannes und den offenen Augen eines Künstlers. Die Schilderungen von Schönbrunn oder von dem Aufenthalt in Budapest sind Perlen unter den Briefen an seine Gattin. Hingerissen von der fremdartigen urwüchsigen Kraft des ungarischen Volkstums, entwirft er Bilder von höchstem literarischem Reiz: die Molldissonanzen kranker, klagender Lieder, Tracht und Art der Frauen, Tänze und Speisen — alle diese bunten Eindrücke ballt er so zusammen, daß es unmittelbar packt.

Über die Zänkereien der deutschen Mittel- und Kleinstaaten kam Bismarck bald durch größere Fragen hinaus. Er hat auch mit ihnen schon manches preußische Wort gesprochen, in der Flottenfrage sogar nationalen Ansprüchen sehr im Gegensatz zu Österreich etwas zugestanden, durch Freundlichkeit zu Bayern späteren Möglichkeiten vorgearbeitet.

Der Krimkrieg gab Bismarcks Stellung in Frankfurt eine neue Bedeutung. Es war seit den Napoleonischen Kriegen wieder der erste welthistorische Zusammenstoß. Der Weltgegensatz von England und Rußland flammte an der orientalischen Frage zum Krieg auf. Und nach alter englischer Tradition gewann sich das Inselreich, der Meerstaat, gegen die stärkste Kontinental- und Militärmacht die zweitstärkste rivalisierende Macht als europäischen Kämpen. So gesellte sich das Kaiserreich Napoleons III. zu England gegen Rußland. Österreich ist dann durch seine Orientinteressen mit hineingezogen worden, und das ehrgeizige Sardinien schloß sich seinen westmächtlichen Gönnern an.

Was würde Preußen tun? In den deutschen Mittel- und Kleinstaaten und auch bis in maßgebende preußische Regierungskreise hinauf wurde der Konflikt als ein Prinzipienkampf aufgefaßt. Rußland, so fühlte man es ja mit Recht, hatte nun schon lange schwer auf Europa gelastet. Der großrussische Zarismus war der brutalste Unterdrücker aller nach Selbstbestimmung strebenden Völker. Die Finnen und die Polen waren geknechtet; die edle ungarische Nation war von Zar Nikolaus niedergestampft worden. Während der ganzen Revolution von 1848/49 lähmte die nahe Wucht des russischen Absolutismus den Flug der deutschen Ideale. Wie mancher kleine deutsche Fürst hat in der russischen Freundschaft und Verwandtschaft die letzte Garantie seines gefährdeten Thrones gesehen und sie ängstlich ausgenutzt! Und jetzt mobilisierte die westliche Kultur gegen diese halbasiatische Tyrannis! Ein Krieg mit Rußland war dem deutschen Volk schon während der Revolution und jetzt erst recht willkommen.

Bismarck teilte diese politischen Anschauungen nicht, weder in den Punkten, wo sie sachlich berechtigt waren, noch natürlich in der gefühlsmäßigen und pathetischen Zuspitzung. Als Diplomat stellte er sich nur die realistische Frage: hat Preußen einen Grund für den Krieg mit Rußland? wird es in der gegenwärtigen Krise an seinen vitalen Interessen berührt? Und Bismarck beantwortete sich diese Fragen in seiner kühlen Unbefangenheit mit Nein. Von Anfang an hat er diese Stellung eingenommen und gegenüber der schwankenden Berliner Politik behauptet. Friedrich Wilhelm IV. war durch verwandtschaftliche Gefühle zu Rußland, durch Reichsfürstenpietät und Tradition der heiligen Allianz zu Österreich, durch persönliche Sympathien zu dem germanischen England hingezogen. Von Frankreich schreckte die Zweideutigkeit des Napoleonischen Cäsarismus ab. Entschieden für einen Anschluß an die Westmächte war auch der Prinz von Preußen. Wie häufig machte Bismarck in dieser Zeit den Weg von Frankfurt nach Berlin! Er hatte einen schweren Stand, seiner Ansicht Geltung zu verschaffen. Einen Augenblick neigte Friedrich Wilhelm IV. seinen Ratschlägen zu. Dann schwenkte er wieder hinüber; es kam zu einem beinahe offenen Bruch mit dem Prinzen von Preußen, und auch Bismarcks Verhältnis zu dem Thronfolger wurde kühl. Das Resultat der unsicheren und kleinlichen Politik des offiziellen Preußen war, daß es verspätet und gleichsam gnadenhalber noch zum Pariser Friedenskongreß zugelassen wurde. Napoleon III. war — wenigstens für den europäischen Kontinent — der Sieger des Krimkrieges. Das kaiserliche Frankreich hatte die Machtprobe bestanden, diplomatisch und militärisch. Rußland, das als Besieger Napoleons I. gegolten hatte, war gedemütigt. Und das neue Napoleonische Reich schien mit geschickteren Mitteln dieselbe welthistorische Machtstellung erreichen zu können. Wie klein nahm sich neben diesem glänzenden Staat, neben diesem üppigen Gesellschaftsleben das deutsche Staatenbündel aus, ängstlich, bescheiden, zurückgeblieben, zum Teil zu neuen Satrapendiensten geneigt. Jedenfalls: hier war die neue Macht, mit ihr mußte sich jeder politische Wille in Deutschland und Preußen auseinandersetzen.

Auch Bismarck verschaffte sich Anschauung und Kenntnis dieser Macht und kam in ein Verhältnis zu ihr. Zweimal ist er in dieser Zeit in Paris gewesen. Er verbrachte dort seine Ferien, er besuchte die Weltausstellung. Das Wichtigste war, daß er Napoleon III. zum erstenmal persönlich begegnete. Er studierte den Rivalen, den imperialistischen Revolutionär. Entscheidend hat er sich dadurch von seinen politischen Lehrern, den Gerlachs, entfernt, die den Napoleoniden, den Parvenu, den Franzosen gleich verabscheuten und mit dem politischen Gottseibeiuns keine Gemeinschaft haben wollten.

Das Resultat seiner Erfahrungen und Beobachtungen während des Krimkrieges legte Bismarck nieder in dem Memoire für Manteuffel vom 16. April 1856, das unter dem Namen „Der Prachtbericht" berühmt geworden ist. Es ist das Meisterstück des 41jährigen Diplomaten. Bismarck zieht zunächst darin das Resultat des Krimkrieges: Die heilige Allianz ist zerbrochen. Napoleon ist der neue Stern. Vor ihm beugen sich alle. Das Bündnis von Frankreich und England ist fest. Eine neue Allianz bereitet sich vor: Frankreich und Rußland, eine Verständigung also zwischen den beiden europäischen Mächten, die keine faktischen Interessengegensätze kennen. Auch Österreich sucht die Freundschaft mit Napoleon. Aber der Kaiser hält sich hier höflich reserviert: denn es erhebt sich nun die italienische Frage. Napoleon begünstigt den Ehrgeiz Sardiniens, fühlt sich als ältester Sohn der römischen Kirche — ist also berufener Schiedsrichter. — Der Deutsche Bund ist innerlich zermürbt. Die süddeutschen Staaten werben um Napoleonische Gunst, Rheinbundtraditionen treu. Und der Konflikt zwischen Österreich und Preußen wird unvermeidlich. Hier erhebt sich Bismarck zu einer großen historischen Perspektive. Tausend Jahre hat der deutsche Dualismus gedauert. Jedes Jahrhundert seit Karl V. hat einen kriegerischen

Austrag gebracht. Preußen wird seine Existenz in naher Zukunft gegen Österreich zu verteidigen haben. Bismarck läßt klar durchblicken, in welcher Situation Preußen allein seinen Gegner niederringen kann: es braucht die Freundschaft Rußlands und das Wohlwollen Frankreichs. Hier ist der Kernpunkt der Bismarckischen Politik vor der Reichsgründung. Das von allen Seiten bedrohte deutsche Volkstum kann sich nur staatlich zu einem Großpreußen konsolidieren, wenn die beiden Flankenmächte Rußland und Frankreich diesen Prozeß nicht hindern. Bismarck wagt eine Konstruktion von verblüffender Kühnheit: befreundet sein mit dem autokratischen Rußland und dem revolutionären Frankreich, so den alten Verbündeten und Freund, den deutschen Bundesbruder, die andere konservative Macht Österreich aus Deutschland drängen, und dann einen neuen Staat schaffen, der nun den Forderungen des Nationalismus und des Liberalismus entspräche, der die Einheits- und Freiheitsidee in seiner Art erfüllen sollte!

Wir Heutigen haben es schwer, uns die ganze Kühnheit und Neuheit dieser Gedankenzusammenhänge zu vergegenwärtigen.

In der letzten Zeit seiner Frankfurter Tätigkeit bereitete Bismarck ein näheres Verhältnis zu Frankreich, soweit er konnte, vor. Er empfing den Prinzen Napoleon in Frankfurt, er versuchte eine Reise des Kaisers nach Berlin zustande zu bringen; als die Neufchâteler Frage entschieden wurde, ging er wiederum nach Paris und sprach wiederholt mit dem Kaiser. Wenn alle Welt Erinnerungspolitik treiben wollte, sagte Napoleon III., müßten zwei Nationen, die einmal Krieg geführt haben, ewig dabei bleiben. Mit der Zukunft haben sich die Staatsmänner zu beschäftigen. Napoleon skizzierte eine Allianz: Frankreich wolle sich gegen Österreich im Interesse Italiens wenden, es wolle eine Mittelmeermacht werden, vielleicht gegen England kämpfen; nicht die Rheingrenze, sondern nur eine kleine Grenzrektifikation sei für Frankreich wünschenswert; Preußen könne Hannover und die Elbherzogtümer haben. Mit überlegenem Geschick hat Bismarck diese und spätere Versuchungen Napoleons III. aufgenommen; er konnte kein deutsches Land verhandeln und hat es nie auch nur erwogen; er mußte aber den mächtigen und gefährlichen Rivalen beschäftigen, besänftigen, hinhalten. Es war klar, daß Napoleons und Bismarcks Gedanken und Handlungsweise vielfach in derselben Richtung lagen; es war ebenso klar, daß sie sich eines Tages feindlich schneiden mußten.

Die Übernahme der Regentschaft durch den Prinzen von Preußen, die damit einsetzende liberale Ära verschlechterte zunächst Bismarcks Situation und Aussichten. Zu dem Regenten waren aber die Beziehungen niemals schlecht. Das Robuste und Soldatische in Bismarcks Wesen hat Wilhelm von jeher gefesselt. In den großen politischen Fragen war der Gegensatz ja klar. Wilhelm hatte 1850 und 1854, einfach schon als Offizier, losschlagen wollen. Seine Gemahlin zog ihn zu dem deutschen Liberalismus und zu den Westmächten hinüber. Man glaubte, dem russenfreundlichen Bundestagsgesandten drohe jetzt die Ungnade, und es wurde von Versetzung auf einen minderen Posten, Madrid oder Brüssel, gemunkelt. Bismarck ließ sich solche Gerüchte mit überlegenem Humor erzählen und drohte, sich in diesem Falle unter die Kanonen von Schönhausen zurückzuziehen. Die Diplomatie war ihm jetzt als ein unaufhörliches „Regime von Trüffeln, Depeschen und Großkreuzen" widerwärtig. In Berlin konferierte er mit dem Regenten. Bismarck kritisierte scharf die neuen Ratgeber. „Bin ich eine Schlafmütze?" antwortete Wilhelm heftig. „Mein Kriegsminister und Minister des Auswärtigen werde ich selbst sein."

In Frankfurt konnte Bismarck unter diesen Umständen kaum bleiben. Persönliche Momente spielten noch in das Politische hinein; die Lösung war dann für ihn so günstig als möglich. Er kam als Gesandter nach Petersburg. Halb war das ja Verbannung; aber die Beförderung war doch deutlich. Die Vertretung an dem Hofe des alten Verbündeten stand hoch in Geltung; der Posten galt für angenehm. Und den Freund Rußlands nach Rußland zu schikken war eine Höflichkeit gegenüber Rußland und eine Freundlichkeit gegen ihn. Als ein genauer Kenner der deutschen Verhältnisse, als ein anerkannter Staatsmann ging Bismarck aus Frankfurt weg und betrat die Bühne der großen internationalen Politik.

Die Jahre in Petersburg scheinen eine Ausruhzeit im Leben Bismarcks zu sein. Sie sind zugleich eine wichtige Zeit der Vertiefung, Erweiterung und Vorbereitung. Er hat hier den Grund gelegt zu Möglichkeiten, die während seiner ganzen staatsmännischen Laufbahn bedeutungsvoll geworden sind. In dem Minister des Auswärtigen, dem Fürsten Gortschakow, fand er einen alten Bekannten vor. Gortschakow gewöhnte es sich an, Bismarck als seinen diplomatischen Zögling mit herablassendem Wohlwollen zu behandeln. Wie Bismarck im Innern durch diese hochmütige Gnädigkeit geärgert wurde, das bezeugt das Porträt Gortschakows in den Gedanken und Erinnerungen, ein Meisterstück böser Nachrede. Jedenfalls kannte Bismarck die Fehler des eiteln Mannes so durch und durch, daß er die Prognose seines politischen Betragens treffsicher stellen konnte.

Bei Kaiser Alexander II. war Bismarck von vornherein persona grata. Der gemeinsame Antagonismus zu dem „undankbaren" Österreich führte sie zusammen. Sehr günstig für Bismarcks persönliche Stellung wirkte die nahe Verwandtschaft des russischen Kaiserhauses mit dem preußischen Königshause. Die Kaiserin-Mutter, die Schwester Friedrich Wilhelms IV. und Wilhelms, sah in ihm einen persönlichen und vertrauten Freund. Die amtlichen Geschäfte hatten in Petersburg einen besonderen Charakter. Es handelte sich damals hauptsächlich darum, die wirtschaftlichen und rechtlichen Interessen der 40000 in Rußland lebenden Preußen gegen die russischen Übergriffe zu schützen, eine Art erweiterter Konsulatstätigkeit also, die Bismarck im einzelnen nicht beschäftigte.

Und so konnte er sich denn, „kalt gestellt an der Newa", wie er war, von dem fernen Beobachtungsposten aus eine große historisch-politische Anschauung der westeuropäischen Verhältnisse erhalten. Der österreichisch-italienische Krieg 1859 erfüllte Deutschland mit einem neuen Kriegssturm. Das Nationalgefühl erlebte einen starken und imponierenden Aufschwung. Die Enttäuschung der Revolution war etwas aus den Gliedern gewichen; man forderte neues Leben und neue Tat. Nicht nur der großdeutsche Parteigeist verlangte ein Eingreifen zugunsten Österreichs; auch die Kleindeutschen, auch die besten Preußen in Berlin wünschten ein Losschlagen gegen Frankreich.

Bismarck stand mit seinen Anschauungen wieder völlig abseits. Leider besitzen wir noch nicht seine Petersburger Berichte zur wissenschaftlichen Benutzung, und wir können deshalb im einzelnen die Art seines Einflusses und die Färbung seiner Äußerungen nicht verfolgen. Das Allgemeine seiner Ideen ist aber klar: es galt ihm als der größte Fehler, Österreich durch Hilfeleistung zu stärken; und warum sollte sich Preußen gerade jetzt den französischen Kaiser zum Feind machen? Bismarck warnte davor, sich durch Erinnerungen an 1813 hinreißen zu lassen, und wies wiederum auf den Dreißigjährigen Krieg hin. Wenn man Österreichs Stellung gegenüber dem italienischen Nationalismus hielt, so war damit die Aussicht auf eine Lösung der deutschen Frage im nationalen Sinne mitverscherzt. Die liberale Tagespolitik zog das nicht in Rechnung, meinte vielmehr in ihrem Mißtrauen gegen Preußen durch einen Kampf mit dem westlichen Nachbar und womöglich mit dem östlichen dazu alles Erwünschte zusammen erreichen zu können. Der Prinzregent sah im Gegensatz zu Bismarck in der Neutralität nur die Gefahr der Vereinzelung. Bismarck glaubte gerade den militärischen und materiellen Kräften Preußens so unbedingt vertrauen zu dürfen, daß er sie bis zum Einsatz im günstigen Augenblick sammeln und sparen wollte.

Man könnte sich wohl eine Lösung der deutschen Frage von 1859 denken, die sich nicht sehr von den Möglichkeiten des Jahres 1848 unterschieden hätte. So wie damals ein lockerer deutscher Bundesstaat von bescheidener Einigkeit und Kraft, mit viel westeuropäischen Staatsidealen und altdeutscher Umständlichkeit angefüllt, in Aussicht stand, so hätte der Prinzregent wohl im Laufe der Zeit einen Bund deutscher Kleinstaaten um Preußen bilden können, der wesentlich auf militärischen und wirtschaftlichen Basen beruht hätte, durch den Preußen aber nicht stärker, sondern schwächer geworden wäre: ein zahmes Deutschland, recht zur Freude der Nachbarn ringsum, im Innern liberal im koburgisch-weimarischen Geiste, im Äußeren gebunden an die Traditionen der Heiligen Allianz, an die Prinzipien des Legitimismus, von Rußland eingeschüchtert, von Österreich gegängelt, von Frankreich bedroht.

Höchst bedeutungsvoll hat es sich nun gefügt, daß die Frage der Militärmacht das deutsche und preußische Problem von innen heraus verwandelte und entschied. Sollte Preußen wiederum aufgehen in einem größeren und unbestimmten Etwas von fraglicher politischer Konsistenz, oder sollte Preußen es selbst bleiben und aus sich den Bund mit dem Deutschtum ermöglichen? Es war die große historische Tat Wilhelms, seinem Soldatengeiste Treue zu halten und den historischen Sinn der preußischen Monarchie verstehend fortzuentwickeln. Und für diesen Weg gewann er sich, schwankend und wider Willen, den größeren Helfer in Bismarck.

Seit 1859 war Albrecht von Roon Kriegsminister, ein Jugendbekannter Bismarcks, der, während dieser seine wilde und extravagante Laufbahn zurückgelegt hatte, ruhig und konsequent im Generalstab zum höchsten Posten aufgestiegen war. Die Mobilmachung von 1859 hatte die Frage der Armeeorganisation in den Vordergrund gerückt. Es handelte sich nach Wilhelms und Roons Plänen im wesentlichen darum, aus der Landwehr einen militärisch vollwertigen und schlagfertigen Teil der Armee zu machen. Daß sich dagegen das neue Bürgertum wehren würde, war vorauszusehen. Und Bismarck, der ferro et igni, wie er damals aus Petersburg schrieb, die Zukunft Preußens entscheiden wollte, schien Roon der notwendige Helfer im Innern. Wilhelms persönlicher Adjutant Edwin von Manteuffel, bald Chef des Militärkabinettes und höchst einflußreicher Reorganisator des preußischen Offizierkorps, wirkte mit Roon in derselben Richtung. Roon und Manteuffel schlugen schon 1860 Bismarck zum Ministerpräsidenten vor.

Ein Kompromiß mit der preußischen Volksvertretung, die provisorische Bewilligung von 9 Millionen Talern für Heereszwecke, schob den drohenden Konflikt zwischen Krone und Volksvertretung einstweilen hinaus. Der Ausgang des Krieges von 1859 bedeutete eine neue Verstärkung der Macht Napoleons III.; Preußen hatte Kraftanstrengungen ohne Erfolg gemacht: durch die Zusammenkunft in Warschau erfolgte eine Wiederannäherung und Konsolidierung der drei konservativen Mächte des Ostens. Bismarck hatte Wesentliches zur Herbeiführung dieser Zusammenkunft getan. Noch einmal wirkte er in Petersburg und führte einen schönen Winter lang das Leben des diplomatisch beschäftigten großen Herrn. Er ist damals wiederholt durch schwere Krankheit heimgesucht worden und hat mit dem Tode gekämpft. Das brutale Ungeschick eines Petersburger Arztes zog ihm eine Venenentzündung zu und damit eine dauernde, den ganzen Organismus schwer schädigende Qual. Gerettet, freute er sich des Daseins als behaglicher Hausvater, amüsiert durch seine spielenden Kinder, erfreut durch das Klavierspiel seiner Frau, immer geneigt, ein gutes Gespräch mit einem Freund zu führen beim tüchtigen Trunk, im Zigarrendampf. Er liebte das Leben in Rußland: die Herrschaftlichkeit und Unbefangenheit des Lebenszuschnittes, die grenzenlose Gastfreundschaft, die gewaltigen Mahlzeiten, die üppigen Trinkgelage — und nicht zuletzt das weite russische Land, wo noch nicht jeder Ackerkrumen besessen ist, wo es Wildheit, Wüste und naturhafte Freiheit gibt: dieses Land mit seinen strahlenden, kalten, ewigen Wintern, seinen kurzen, glühenden, traumhaften Sommern. Er hat den Reiz dieses Volkstums und dieser Natur gern gerühmt und beschrieben.

1861 wurde der Prinzregent König, und die Gegensätze brachen nun hervor. Die Krönung in Königsberg war als Demonstration des alten Preußentums gemeint. Königsstaat oder Volksstaat — darum sollte es sich nun handeln. Und das höhere Recht in diesem Streite konnte nur auf der Seite der Macht liegen, die der Stellung Preußens und Deutschlands in Europa die besten Garantien gab. Der Streit um die Armeereform gehört als Glied in den großen Zusammenhang des Kampfes um deutsche Einheit und Freiheit. Vieles im einzelnen der Regierungsmaßregeln mag für das Staatsgefühl von heute verletzend sein. Der Sinn der Selbstbehauptung für faktische und, wenn es sein mußte, für brutale Macht, der hohe, des eigenen Wertes sich bewußte Egoismus wurde verkörpert in dem Willen der preußischen Regierung. Im Bürgertum und im größeren Deutschland schien die preußische Armeereorganisation eine Bewaffnung des Preußentums auch gegen das Deutschtum zu sein. Die alten und feudalen Kräfte dieses Staates wandten sich, so war der Eindruck, gegen den Geist, gegen den Gedanken, gegen die bürgerliche Arbeit. Militärklassen und Militäradel erhoben sich mit verstärktem Selbstbewußtsein, um sich als Träger und Führer dieses Staatswesens zu behaupten. Argwohn und Verbitterung, Mißtrauen und Haß wurden wach und wuchsen an. Roons Starrheit und Leidenschaft konnte den drohenden Kampf nur erschweren. Bismarcks Eintritt wurde 1861 von seinen Freunden wiederum gefordert. In Baden-Baden, wo er mit dem König konferierte, verfaßte er eine Denkschrift über die deutsche Frage, welche für uns seinen „Prachtbericht", der das Auswärtige in den Vordergrund rückt, nach der Seite des Inneren ergänzt.

Der Deutsche Bund, führt er darin aus, wurde gegründet als ein Appendix der Heiligen Allianz; als reines Defensivorgan gegen Frankreich setzte er die osteuropäische Homogenität voraus. Nun ist die Heilige Allianz zerbrochen. Neue Bedürfnisse sind da. Preußen nimmt in dem Bunde nicht die Stellung ein, die es nach seiner Bevölkerungsziffer zu verlangen hat. Es ist der einzige rein deutsche Staat mit 18 Millionen Einwohnern, denen die anderen rein deutschen mit $17^1/_2$ Millionen Einwohnern gegenüberstehen. Preußen hat immer Österreich und die Regierungen der kleinen Staaten gegen sich. Es muß also etwas Neues schaffen, auf das es sich stützen kann: und das ist eine Nationalrepräsentation des deutschen Volkes beim Bunde. Dadurch wird Preußen die Sympathien des deutschen Volkes gewinnen. Das Mittel hat nichts Revolutionäres, denn es bestehen ja schon Volksvertretungen bei den Einzelstaaten. Zollverein und Militärkonvention haben vorgearbeitet. — So groß und überlegen stellte also der Feudale von 1848 den nationalen Gedanken in sein politisches Programm ein. Er war nicht etwa bekehrt worden, sondern er nahm diesen Faktor höchst geistiger Natur ebenso nüchtern und sachlich auf wie alle anderen. Um die Machtsteigerung Preußens handelte es sich für ihn ein für allemal: das deutsche Parlament schien ihm ein Mittel, diese Macht zu steigern. Gewiß rückte er dadurch endgültig von den dogmatischen Konservativen ab. Er war immer mehr er selbst geworden, der unbefangene Staatsmann großen Stils, mächtig fortschreitend von Aufgabe zu Aufgabe, kalt und scharf in der Arbeit des Tages, unbewußt gleichsam schon lange verbunden und vertraut mit den gewaltigen Kämpfen des deutschen Volkstums um seinen Staat. Bismarck nähert sich jetzt den Zielen der Revolution von 1848/49: eine allgemeine deutsche Volksvertretung, von Preußen durchgesetzt, bedeutete in der Tat die Revolution gegen Österreich und die Regierungen der Mittelstaaten.

Die Badener Denkschrift ist bereits ein Ministerprogramm. Im April 1862 verließ Bismarck Petersburg. Das liberale Ministerium der neuen Ära war abgetreten, ein farblos-konservatives Ministerium Hohenlohe-Ingelfingen schien den Platz für den robusten Staatsmann zu halten, der deutlich im Anzug war. Eine ganze Fülle von Fragen machte damals die Lage des preußischen Staates außergewöhnlich verwickelt. Der Minister des Auswärtigen wollte die Unionsgedanken Friedrich Wilhelms IV. aufnehmen, zum Schrecken der kleinen Staaten, ein Handelsvertrag zwischen Frankreich und den Zollvereinsstaaten war in Beratung, der Kurfürst von Hessen erregte von neuem Untertanen, Nachbarn und Großmächte durch seine skrupellose Art, Verfassungsfragen zu behandeln. Nirgends zeigte sich in der Leitung dieser durcheinander geschlungenen Angelegenheiten Klarheit und Kühnheit. Bismarck, der lang empfohlene Ministerkandidat, wird um Rat gefragt und erschreckt den König durch seine Schroffheit und seine folgerichtige Kraft. Man hat den Eindruck: Wilhelm bebt zurück vor der Wucht dieses überlegenen Geistes; er wehrte sich dagegen, Bismarck zum Mitarbeiter zu machen, und zögerte die Entscheidung hin. Bismarck hat es satt, in einem Berliner Hotel ewig zu lauern -- er verlangt einen Posten oder die Entlassung. Und in dieser Verlegenheit schickte man ihn als Botschafter nach Paris.

Er konnte sich keine bessere Wartezeit wünschen. Seit einem Jahrzehnt rechnete er schon mit Napoleon III. Dem zähen Meisterdiplomaten stellte er sich nun selbst als der Rivale entgegen. Zwischen diesen beiden Willen, dem verschlagenen und dem verwegenen, beginnt nun ein wechselvoller Kampf, durchaus persönlich gefärbt und deshalb von hohem persönlichem Reiz, zugleich von der höchsten geschichtlichen Bedeutung.

Bismarck galt den Vertrauten von früher jetzt schon als Bonapartist; die Gewaltsamkeit, der Mangel an Ideologie, das nüchterne und berechnende Verhältnis zum Nationalproblem nähert in der Tat seine politische Art dem Napoleonischen Typus. Wir werden sehen, wie er im Innersten entfernt war von der brutalen Abenteuerlichkeit des kaiserlichen Frankreich — wie er eben als Preuße und dann als Deutscher mit einem genuinen Verantwortlichkeitsgefühl das Schicksal von Volksgesamtheiten in sich aufnahm, verstand und entschied.

Vor den entscheidenden Schlägen konnte Bismarck Napoleon III. noch einmal studieren: den Verbündeten, den möglichen Helfershelfer, den bald überwundenen politischen Spekulanten. Bei der berühmten vertraulichen Unterhaltung der beiden im Park von Fontainebleau — sechs Stunden hat sie gedauert — wurde die Frage einer Allianz zwischen Preußen und Frankreich erörtert. Der Kaiser fragte direkt, Bismarck antwortete ausweichend mit allgemeinen Versicherungen der Freundschaft. Und da verriet der Kaiser, wie sehr sich Österreich um ein Bündnis mit Frankreich bemühte. Ich war wie Josef gegenüber Potiphars Weib -- so schildert Bismarck die gefährliche Situation. Dieses französisch-österreichische Bündnis, das da im Werden zu sein schien, hatte natürlich seine Spitze gegen

Preußen: Preußen sollte als Großmacht und als deutscher Führerstaat klein gemacht werden, und dafür war Österreich bereit, das linke Rheinufer und Venedig preiszugeben. Bismarck wußte genau, daß König Wilhelm für eine diplomatische Allianz mit Napoleon nicht zu haben war. Er schwieg also.

Welch ein Gegensatz zwischen den beiden Unterrednern von Fontainebleau, in denen sich die zwei großen entgegengesetzten Machttendenzen Europas, Frankreichs Hegemonieanspruch und Deutschlands Kampf um den Staat, personifizierten: Napoleon mit seinem trägen Blut, seinem weichen auf und ab wallenden Willen, seiner tückischen Profitlust, eine sphinxartige Natur, die ihre innere Armut und Banalität durch Träume, Rätsel und Geheimnis verbarg; daneben der Mann mit dem scharfen Blick, der unbekümmerten Entschlossenheit, der so verblüffen konnte durch seine dahin wetternde Offenheit, und der so raffiniert war in den graziösen Wendungen der Konversation, die ihm sein sprudelnder Geist eingab. Und bald durchschaute Bismarck, wie das kaiserliche Frankreich von Unruhe und einem aus dem Gefühl der Schwäche entspringenden Tatendurst erfüllt war, so daß drei Richtlinien der Politik nebeneinander liefen und durcheinander schnitten, die pomphafte offizielle für Kammer und Gesandte, die private des Kaisers — „liberal", revolutionär, preußenfreundlich — und die private der Kaiserin: klerikal, papistisch, österreichisch.

Wie gerne war Bismarck in Paris! Schmerzlich entbehrte er freilich das Zusammenleben mit seiner Familie. Ganz allein hauste er in dem großen Botschaftshotel der Rue de Lille, nahe der Seine, das für Eugen Beauharnais gebaut worden ist. Aber er dinierte doch lustig auf dem Montmartre im Petit Moulin Rouge, zusammen mit Beust, der dafür ein guter Kumpan war; er verbrachte die Abende in St. Germain, dessen Terrasse mit ihrem berühmten Blick über das wellige Land von Paris und den Glanz der vielgekrümmten Seine er herrlich beschreibt; er macht einen Ausflug nach London zur Weltausstellung. Und dann, ungeduldig und verärgert über das Warten, die Vereinsamung, die Unsicherheit meldet er sich krank in Berlin, schreibt an Roon, er müsse sich physisch stärken, ehe er in die Galeere gehe, und fährt in einem fidelen Zickzack durch das Zentrum Frankreichs nach Biarritz, glücklich wie ein Schüler, der Ferien hat. Zum letztenmal genießt Bismarck als ein Mensch der Natur die Freiheit der Berge und des Meeres. Mit seinen Freunden, den Orloffs, reist er gesellig froh, fern von aller Politik durch die Pyrenäen: er sieht Pau, Lourdes, St. Sebastian.

Da erhält er einen Brief und zwei Depeschen. In dem Brief setzt ihm Roon den parlamentarischen Konflikt und die Notwendigkeit auseinander, den Vorsitz ohne Portefeuille zu übernehmen. Die erste Depesche lautet: Die Birne ist reif. Die zweite: Periculum in mora. Eilen Sie.

Und Bismarck fährt nach Berlin.

Die Jahre der Entscheidung

Von 1862 bis 1866 hat Bismarck das Entscheidende seines Lebenswerkes geleistet: in vier Jahren!

Am 22. September 1862 fand die berühmte Unterredung im Park von Babelsberg zwischen König Wilhelm und Bismarck statt. Wilhelm ist mutlos und will abdanken; er hat als preußischer Offizier das Militärisch-Notwendige erkannt, er hat es als preußischer Regent deutlich und unbedingt gefordert. Er sieht keine Aussicht mehr, anständig, mit Ehren durchzukommen, er fühlt sich mürbe, mißverstanden — er will abdanken. Es bietet sich für ihn nur noch eine, die letzte Aussicht, die er im Herzen gar nicht wünscht, gegen die sich ein innerer Instinkt und mannigfaltiger äußerer Einfluß lebhaft wehrt: die Zusammenarbeit mit diesem gefährlichen und skrupellosen Junker. Und Bismarck hat nun in dieser Begegnung einen der wichtigsten Momente seines Lebens erreicht: er will herrschen, es drängt ihn persönlich aus dem Innersten zur Leitung, er weiß, daß er berufen ist und daß er Dinge tun kann, die niemand ahnt; und nun, endlich, brauchen ihn Staat und König. Die Militärfrage ist ihm als solche gar nicht so wichtig. Er hätte auch eine kürzere als die dreijährige Dienstzeit praktisch für möglich gehalten. Es handelt sich bei ihm eben nicht um das Einzelne, sondern um das Ganze. Er muß die Fahne jetzt nehmen, und er nimmt sie. Er erklärt dem König, gegen die parlamentarische Majorität regieren und die Militärvorlage annehmen zu wollen. Er sagt, daß er die königliche Herrschaft gegen die Parlamentsherrschaft behaupten will, auch auf die Gefahr einer gewaltsamen Diktatur. Er läßt sich auf keine Einzelheiten und auf kein Programm ein, er stellt keine Bedingungen. Vor seinen Augen zerreißt der König, was er sich an Punkten aufgeschrieben hat. Bismarck, der Edelmann, nimmt für seinen König unbedingt den Kampf auf; er erwartet, daß der König ihn unbedingt halten wird.

So begann das Zusammenarbeiten von König Wilhelm und Otto von Bismarck. Ein Verhältnis von höchstem geschichtlichem und menschlichem Reiz: ein Treuebund, zwischen dem Vasallen und dem Herrn, zwischen dem Diener und dem Monarchen; es sind zwei Menschen, die ihrer persönlichen Art gemäß immer auseinander strebten und die sich in der ernsten großen Sache, für die sie in gewissenhafter Deutschheit sich einsetzten, sich immer wieder fanden zur Ergänzung, zum Auswirken, zu denkwürdigen Leistungen.

König Wilhelm stand damals schon beim Abstieg seines Lebens. Er hatte schon sein Größtes geleistet: eine gerade aufrechte Natur, nicht verwickelt, nicht tief, nicht geistreich und nicht schwungvoll. Ein Mann, der mit seinen einfachen Grundanschauungen von Staat und Welt unmöglich die Schwierigkeiten seines späten Herrscheramtes meistern konnte. Aber eine Persönlichkeit, die nun durch den Ernst, die Echtheit des preußischen Prinzen und Offiziers, den Wahrheitsgehalt ihres sittlichen Wesens zum Helden und Hort einer ganzen Epoche werden konnte — eine verkörperte Garantie gleichsam all der schlichten Bedürfnisse und all der ritterlichen Tugenden des aufstrebenden Deutschtums.

Bismarck trat jetzt als der erklärte Konfliktsminister in die große Öffentlichkeit. Was wußte sie von ihm? Recht wenig; man erinnerte sich des Junkers vom Jahre 1848, man beargwöhnte ihn als den Schüler Napoleons III., der mit Staatsstreichrezepten aus Paris nach Preußen käme. Dem Streben des Deutschtums, das in den letzten Jahren so mächtig geworden war, schien dieser Mann ebenso fremd gegenüberzustehen wie den Staatsidealen der preußischen Fortschrittspartei.

Der preußische Verfassungskonflikt ist der klassische Ausdruck des unversöhnlichen Gegensatzes zwischen den individualistischen und optimistischen Ideen des dogmatischen Liberalismus und den Lebensbedürfnissen eines geschichtlichen Staatskörpers, wie es der preußische Staat war. Der Ausgang dieses Konfliktes zugunsten der staatlichen Autorität war von höchster Bedeutung für die weitere Gestaltung der deutschen innerpolitischen Verhältnisse. Der heutige

Betrachter kann für die besiegten Fortschrittler von damals wenig Sympathie aufbringen. Auch wer sich das Deutsche Reich von heute und morgen als einen freien Volksstaat vorstellt, wird sich schwer in das Denken dieser friedlichen wortreichen Hyperklugen hineinversetzen können. Die preußische Fortschrittspartei ist 1861 gegründet worden. Ihr Programm setzte den Mächten der Geburtsaristokratie, der kirchlichen Orthodoxie und der Beamtenschaft die modern-liberalen Ideale entgegen: Verwirklichung des Rechtsstaates, Beamtenverantwortlichkeit (insbesondere Verantwortlichkeit der Minister), Abschaffung der grundherrlichen Rechte in Lokal- und Provinzialverwaltung, Zivilehe, freie Schule, Reform des Herrenhauses, zweijährige Dienstzeit, Herabsetzung des Militärbudgets. Das neue Preußen der Großstädte, der rheinischen, sächsischen und schlesischen Industriebezirke wandte sich also, als das parlamentarisch Stärkere, gegen das alte Preußen des flachen Landes, des Grundbesitzes, der Feudalität. Es war bezeichnend genug, daß dieses alte und dieses neue Preußen gerade um die Armeereform in Konflikt kamen, das eigenste geistige Werk seines soldatischen Königs, die unentbehrliche Garantie des alten militärischen Übergewichtes Preußens — jenes Übergewichtes, das diesen armen kleinen Staat zur Großmacht erhoben hatte.

So stand Idee gegen Idee: die Krone wehrte sich gegen die Übergriffe der Partei, gegen ihre Versuche, verfassungsmäßige Rechte der autoritativen Mächte anzutasten; die Kammer fühlte sich staatsrechtlich, politisch, kulturell unbedingt im Recht und schickte sich an, dieses Recht der Paragraphen und des Geistes mit allen Mitteln des Wortes und des Geldbeutels zu behaupten.

Als sich Bismarck von Napoleon III. verabschiedete, erinnerte ihn der Kaiser an das Schicksal des Fürsten Polignac; Wilhelm I. dachte an Lord Strafford und Karl I. von England: vor dem Opernhause würde man Bismarck enthaupten, und nachher ihn, den König selbst — das prophezeite Wilhelm seinem Minister, und nur der Appell an seinen ritterlichen Stolz hat ihn beruhigt. Redensarten sind das nicht gewesen. Bismarck setzte in der Tat seine Freiheit, sein Vermögen und sein Leben aufs Spiel mit einem unbefangenen Heroismus, der verblüfft; er ist seinen Weg gegangen, unbekümmert um die Ansichten seines Jahrhunderts.

Bismarcks überlegene Dialektik erfand zur Rechtfertigung der

Regierung ohne Budget eine Theorie von der Verfassungslücke: drei Gewalten habe die Verfassung von 1850 angeführt, König, Herrenhaus, Abgeordnetenhaus; bei Meinungsverschiedenheiten seien Kompromisse nötig; würden die nicht gefunden, käme es eben zu Konflikten, und Konflikte seien Machtfragen. Er sagte: „Wer die Macht in Händen hat, geht in seinem Sinne vor.“ Daraus haben die Gegner das geflügelte Wort gemacht: Macht geht vor Recht. Bismarck regierte drei Jahre lang mit einem Etat, den er sich nur vom Herrenhause hatte bewilligen lassen. Er führte offizielle Kandidaturen ein, unterdrückte durch die Preßordonnanzen die liberalen Blätter, beschränkte durch Überwachung die Versammlungsfreiheiten; alle diese Mittel sind cäsaristisch, Napoleon III. hat sie zur Befestigung seines Kaiserreiches verwandt. Preußen schien sich damals am Vorabend einer Revolution zu befinden. Die Kammer begleitete alle Handlungen des Ministeriums mit Protest. Die Magistrate und Stadtverordnetenversammlungen richteten Bittschriften an das Ministerium und erhielten dafür Geldstrafen. Entrüstungsversammlungen wurden von der Regierung verboten; der Geburtstag des Königs wurde nicht mehr gefeiert. Jahrelang fuhr König Wilhelm nur in geschlossenem Wagen durch seine Hauptstadt.

Preußens Stellung zu Deutschland und zur deutschen Frage konnte nun den Ernst dieser innerpolitischen Lage nur erhöhen. Österreich, aus Italien verdrängt, machte damals den letzten Versuch, die Führerschaft in Deutschland auf neue Grundlagen zu stellen und sich so weiterhin zu sichern. Schmerling, der Reichsminister Frankfurter Angedenkens, konnte jetzt als leitender Mitarbeiter Kaiser Franz Josephs seine Pläne von 1848 wieder aufnehmen. Es handelte sich darum, zwischen Österreich und den deutschen Mittelstaaten ein Verhältnis so nahen politischen Einverständnisses herzustellen, daß Preußen machtlos geworden wäre gegenüber dieser Allianz von österreichischem Legitimismus, von deutscher Bundestradition, von mittelstaatlichem Ehrgeiz, besonders wenn dieses Durcheinander politischer Faktoren zusammengehalten wurde durch liberale Verfassungsformen und süddeutsche Volksstimmung. Der Frankfurter Fürstentag bedeutet den Versuch, alle diese Tendenzen zu verwirklichen. Schon Graf Bernstorff hatte als Minister des Auswärtigen jede Erweiterung der Bundestagsbefugnisse abgelehnt. Bismarck konnte in dieser deutschen Politik Österreichs nichts anderes sehen als die schlimmste Gefahr für die europäische Stellung seines preußischen Staates.

Es war, wenn man so sagen darf, alles, was es an Gegenwartsmächten gab, von innen und von außen verbündet gegen den Friderizianischen Geist der preußischen Monarchie. Sollte sie sich eindeutschen lassen? Sollte sie zwischen liebenswürdigen Neidern eine zweite Rolle spielen, das hieß also für einen Staat dieser Art die letzte und die schlechteste? Bismarck hat das verhindert. Er wies damals Österreich darauf hin, seinen Schwerpunkt nach dem Osten zu verlegen; er gab in seiner unzweideutigen Weise zu verstehen, daß Österreich Preußen auf der Seite seiner Gegner finden würde, wenn es seine deutsche Politik weitertriebe; und er schleuderte den parlamentierenden Zeitgenossen jenes harte und gewaltige Wort ins Gesicht, daß die deutsche Einheit nur durch Blut und Eisen gemacht werden könnte.

König Wilhelm wollte der Einladung des Kaisers Franz Joseph, nach Frankfurt zu kommen, gerne folgen. Es widerstand seinen dynastischen Empfindungen, sich seinen Mitfürsten in solcher Lage zu versagen. Unendlich schwer wurde es ihm, die letzten Versuche des befreundeten Königs Johann von Sachsen in Baden-Baden abzulehnen. Aber sein starker Minister hatte ihn schon in der Hand. Er mußte preußisch und nur preußisch handeln. Die Frankfurter Verhandlungen konnten unter diesen Umständen zu keinem positiven Ergebnis führen. Wie das Parlament des Volkes 1848, so scheiterte jetzt das Parlament der Fürsten an Zwiespältigkeiten des deutschen Volkstums und seiner dynastischen Formen, die sich für immer in sein Inneres eingenistet zu haben schienen. Wer sollte da helfen? Das österreichische Rezept mit seinen billigen Zielen und Mitteln konnte nicht den tiefliegenden Krankheitskeim erfassen und heilen. Wenn man den ehernen Schritt der Ereignisse der folgenden Jahre herannahen hört, dann haben diese Mehrheitsbeschlüsse der deutschen Fürsten, dieses mühselige Wegbleiben des preußischen Königs, diese Opposition von Sachsen und Baden gegen das führende Österreich — diese ganzen Zänkereien und Intrigen etwas Kleines. Ein Abgeordnetentag, der gleichfalls in Frankfurt tagte, eine Ministerkonferenz in Nürnberg konnte die verfahrene Angelegenheit nicht retten.

Als deutsche Macht war Preußen immer in einer schwierigen Lage. Es hatte, wenn es handeln wollte, zu sehr mit Antipathien zu kämpfen, und einen richtigen Ansatzpunkt für seine Machtmittel zu finden war unendlich schwer. Das Verhältnis zu den auswärtigen Nachbarn mußte für eine deutsche Politik Preußens günstig sein, wenn sie überhaupt eine Aussicht auf Erfolg haben sollte.

Drei Kriege hat Preußen unter Bismarcks Leitung geführt, den dänischen, den österreichischen, den französischen; er hat es fertiggebracht, nacheinander nach drei Fronten zu kämpfen, unter immer günstigeren Umständen, mit immer stärkeren Machtmitteln. Diplomatisch und militärisch wäre das nicht möglich gewesen, wenn Bismarck nicht als den sichersten und unveränderlichsten Stützpunkt seiner Politik die Freundschaft mit Rußland besessen hätte. Der polnische Aufstand 1863 gab Gelegenheit, diese Freundschaft zu betätigen. Bismarck mußte Ruhe im Osten haben. Er konnte sich nicht darauf einlassen, in einem neuen irgendwie selbständigen Polen einen unruhigen und unsicheren Nachbar zu bekommen. Österreich hat schon damals in richtiger Erkenntnis seiner Interessen die Autonomie des polnischen Volkes erstrebt, und die Westmächte haben diese Tendenz unterstützt, gerne bereit, so die Grundlage der europäischen Position Rußlands zu erschüttern. Man begreift sehr wohl, daß Bismarck in seiner bedrohten Lage nicht nationalen Wünschen des Polentums gerecht werden konnte. Selbst wenn er nach Art und Neigung dergleichen hätte besser verstehen wollen, war es ihm als klarblickendem preußischem Staatsmann damals unmöglich, eine andere Politik zu treiben. Er brauchte Rußland, und so hat er sich denn Rußlands Sympathie durch Assistenz bei der Niederwerfung des Aufstandes gesichert.

Noch einmal sollten die beiden deutschen Großmächte vor dem drohenden Zusammenstoß zu gemeinsamem Wirken sich vereinigen.

Die Schleswig-Holsteinische Frage hätte im achtzehnten Jahrhundert zu einem dynastischen Erbfolgekrieg geführt; im neunzehnten Jahrhundert entfesselte sie einen Kampf um Freiheit und nationalstaatliche Geltung. Die dänischen Könige haben im Prinzip nichts anderes ins Auge gefaßt, als was alle stärkeren Fürstenhäuser in der vorrevolutionären Zeit gewollt haben. Sie und die Träger des dänischen Staatsgedankens erstrebten die Bildung eines nordischen

Seestaates, der zwischen Ost- und Nordsee eine im Vergleich zu seiner Ausdehnung mächtige Position einnehmen sollte — eines nordischen Seestaates, der mit den Westmächten und Rußland so gut stand, daß er Skandinavien und womöglich das nördliche Deutschland politisch und wirtschaftlich beherrschte. Die Garantie einer solchen großdänischen Macht mußte der unbedingte Besitz der Herzogtümer Schleswig und Holstein sein. Der Hafen von Kiel und der Unterlauf der Elbe konnten dafür nicht entbehrt werden. Und da stößt nun diese dänische Tendenz, die maßgebende Marinemacht des nördlichen Kontinents zu sein, auf den preußischen Staat.

Der Kampf um die Herzogtümer bedeutet also im Zusammenhang der großen Politik viel mehr, als es nach dem äußeren Verlauf und der populären Zuspitzung scheinen konnte. Freilich hat die deutsche öffentliche Meinung mit dem unterdrückten Deutschtum im Norden stark und leidenschaftlich empfunden, und die Empörung über die dänischen Rechtsbrüche war innerlich wahr und eine große geistige Kraft. Aber unterdrücktes Deutschtum gab es auch sonstwo, und durch Rechtsbrüche in der Art der dänischen sind alle Großstaaten geworden, was sie sind. Die Frage war im Grunde eine Frage der politischen Autorität, der staatlichen Macht: konnte Deutschland, konnte Preußen insbesondere die Befestigung und den Zusammenschluß dieses nordischen Seestaates auf die Dauer dulden? Und Bismarck ist es gewesen, der die Lage so verstand und das Problem im Interesse der Großmacht Preußen gelöst hat.

Der allgemeine Verlauf des Schicksals der Herzogtümer Schleswig und Holstein und ihres Verhältnisses zum dänischen Staate seit 1815 ist bekannt. Das dänische Patent vom 30. März 1863 machte die Frage von neuem kritisch. Es trennte die Herzogtümer, deren Ungeteiltsein und Ungeteiltbleiben ihr geschichtlich geheiligtes und nie erfolgreich bestrittenes Recht war; es verband Schleswig mit Dänemark als ein Stück des Gesamtstaates und kettete auch Holstein an als ein mit konstitutionellen Scheinrechten ausgestattetes Sonderland. Die Antwort auf diese Herausforderung erfolgte schnell. Die deutschen Großmächte protestierten als Teilnehmer des die Herzogtümer zugleich schützenden und an Dänemark anschließenden Londoner Protokolls von 1852, und der Deutsche Bund (für Holstein kompetent) beschloß die Exekution. Eine ungeheure nationale Erregung ging durch Deutschland, und sie fand einen Gegenstand in dem Prätendenten, dem Herzog von Augustenburg, dem in Holstein zum mindesten besser berechtigten Erbfolger der männlichen Linie — dem „Augustenburger"; durch ihn und durch seine gegen die weibliche Glücksburger Linie auf dem dänischen Thron gerichteten Ansprüche kam in den hochpolitischen Machtkampf das dynastische Interesse hinein. Der Kampf der Schleswig-Holsteiner um das Deutschtum und die Unabhängigkeit bekam als greifbares Ziel das staatliche Sonderdasein unter einem eigenen Fürsten im lockeren Deutschen Bunde. Starke und echt deutsche Gefühlsmomente begünstigten diese Lösung. Ein neuer Kleinstaat — was konnte sich der kleinstaatliche Nationalismus im Reich, was konnte sich der lokale Ehrgeiz und die konstitutionell-liberale Selbstregierungslust in den Landen selbst Besseres denken?

Bismarck hat, sofort nachdem die Frage aktuell geworden war, sein letztes Ziel erkannt und in einer denkwürdigen Sitzung des Ministeriums mit verblüffender Offenheit bezeichnet: die Erwerbung der Herzogtümer, die Einverleibung in den preußischen Staat.

Daß ein Gegensatz zwischen den Interessen des Deutschen Bundes und den Interessen der Großmächte bestand, zeigte sich bald. Der Deutsche Bund schickte nicht sonderlich starke Truppen mit einem mittelstaatlichen Reichsgeneral in die Lande. Der Erfolg dieser Maßregel konnte nur ein halber sein. Die mittelstaatlichen Führer meinten, die Sache rein lokal als Gegenstand des deutschen Staatsrechts behandeln zu können. Und dabei stand auch jetzt wieder wie 1852 England hinter Dänemark, treibend und helfend, immer bereit, zugunsten der nordischen Marinemacht zu vermitteln, durch die die Ostseemächte so leicht in Schach gehalten werden konnten. Bismarck hat nun das Überraschende, eine Verständigung zwischen Österreich und Preußen, zustande gebracht: die Sache mußte unter Großmächten abgemacht werden. Beim Bunde regten die beiden deutschen Mächte eine Pfandbesetzung der Herzogtümer durch ihre Truppen an; da er sich dazu nicht verstehen wollte, nahmen die Großmächte, das heißt Preußen und von ihm wider Willen und Interessen hineingeführt Österreich, die Angelegenheit ganz in ihre Hand und erklärten, nachdem sich englische Vermittlungsversuche zerschlagen hatten, an Dänemark den Krieg.

Ich habe hier dem Verlauf der militärischen Ereignisse nicht zu folgen. Die Landmacht Preußen führte den Krieg als solche: sie bestätigte nach der langen Friedenszeit ihren Ruf durch schlagfertige, präzise und überlegene Arbeit und erreichte so in ein paar Schlägen, unter denen der Tag von Düppel ewig denkwürdig hervorleuchtet, das mögliche Ziel, die Niederwerfung der dänischen Landmacht.

Dieser imponierende Verlauf machte die Situation den kühnen Gedanken Bismarcks, des behutsamen und rücksichtslosen diplomatischen Spielers, günstig. Napoleon III. zeigte sich entschieden freundlich; auch weil sein Verhältnis zu England an Herzlichkeit eingebüßt hatte. Er war dem Gedanken einer preußischen Gebietserweiterung schon deshalb günstig, weil er so die Aussicht auf einen Gewinn Frankreichs zu erlangen hoffte. Immer heftiger und nervöser wird bei ihm in diesen Jahren seines beginnenden Abstieges die kleinliche Sucht, durch ein günstiges Landgeschäft seine Stellung in Frankreich zu verbessern. Die Verwickelung der Interessen erreichte ihren Höhepunkt bei der Frage des Friedens. Eine Londoner Konferenz verlief ohne positives Ergebnis. Immer klarer prägte sich als das Wichtigste aus: inwieweit kann Preußen einen neuen Mittelstaat mit so starken maritimen Machtmitteln unmittelbar vor seinem eigenen Ausgang nach der See dulden? Der Frieden, der schließlich direkt zwischen den deutschen Großmächten und Dänemark zustande kam, entschied darüber noch nichts: Dänemark trat die Herzogtümer bedingungslos an Österreich und Preußen ab.

Der Ausgang des dänischen Krieges ist für die Fortentwickelung der Ereignisse von der größten Bedeutung. Deutschland hatte gezeigt, daß es seine kontinentale Stellung gegen fremde Einschnürungsversuche behaupten wollte und konnte; und die Kraft zu dieser Selbstbehauptung hatte nicht der Deutsche Bund, der eigentlich schon 1864 zerschellt ist, sondern der Bund der Großmächte bewiesen, geleitet von der ersten staatsmännischen Intelligenz Europas.

Mit unbedingter innerer Folgerichtigkeit führte nun diese Situation zur feindlichen Auseinandersetzung zwischen Preußen und Österreich. Österreich fühlte sich durchaus solidarisch mit der nationalen Gefühlspolitik im Reich, die dem Augustenburger die erkämpften Herzogtümer als souveränen Staat überlassen wollte.

Warum sollte es eine positive Machterweiterung Preußens zugeben ohne entsprechenden eigenen Gewinn? Bismarck mußte aber seinerseits, wenn überhaupt ein neuer Staat im Norden entstehen sollte, militärische, politische und wirtschaftliche Garantien dagegen haben, daß hier dem preußischen Staat eine ewig quälende und hemmende Bremse in den Nacken gesetzt wurde. Er verlangte vor allem Kiel als preußischen Marinehafen, Rendsburg als Bundesfestung, endlich die Autorität zum Bau eines Kanals zwischen Nordsee und Ostsee, der allein die Nachteile der Zugehörigkeit Jütlands zu einem fremden und feindlichen Nachbarn aufwiegen konnte. Österreich lehnte die Garantieforderungen ab: der durch sie erzielte Zustand entspräche nicht der Stellung eines stimmfähigen Bundesfürsten.

In den Landen selbst und im Reich wurde die Agitation für den Herzog immer lebhafter; er selbst erschien in dem beanspruchten Staat und inspirierte Presse und Versammlungen in seinem Sinn. Bismarck hat auch mit ihm direkt verhandelt; weil sich der Kronprinz als naher Freund für den Herzog einsetzte, galt er selbst dem offiziellen Preußen eine Zeitlang als unvermeidlich. Der Herzog war aber dann unklug genug, Bismarck gegenüber eigensinnig zu sein. Er machte es dem Minister nicht schwer, ihn fallen zu lassen. Wie ernst in Bismarck der großstaatliche Wille war, zeigte die Verlegung einer preußischen Marinestation nach Kiel. Und er spielte jetzt den Herzog von Oldenburg gegen den Augustenburger aus, dem Rußland seine Erbansprüche übertragen hatte; eine recht platonische Liebenswürdigkeit gegenüber Rußland, dessen wohlwollende Zurückhaltung von unschätzbarem Werte war. Die Situation war zugespitzt genug; noch einmal kam es zur Verständigung zwischen den deutschen Großmächten. Bismarck hielt den Zeitpunkt zum Losschlagen nicht für günstig, und so schloß er die Konvention von Gastein ab. Sie bedeutet einen Sieg Preußens und der diplomatischen Kunst seines leitenden Ministers. Das Kondominium wurde getrennt, Holstein kam in die provisorische Verwaltung Österreichs, Schleswig in die Preußens. Der Vorteil war ganz auf preußischer Seite; denn wie sollte Österreich diesen entlegenen Punkt im Norden halten wollen oder können? Und der innere Zwiespalt in Auffassung und Vorgehen zwischen den beiden deutschen Großmächten zeigte sich unmittelbar nach dem Abschluß des

Gasteiner Vertrags. Österreich schickte Gablenz nach Holstein, Preußen Manteuffel nach Schleswig. Die beiden Gouverneure zeigten der Bevölkerung gegenüber eine vollkommen verschiedene Haltung. In Schleswig wurden Bestrebungen und Kundgebungen, die nach Autonomie zielten, nicht zugelassen; sogar dänische Staatsangehörige wurden zur Unterdrückung der lokalen Bewegungen verwandt. Ganz anders Gablenz in Holstein: eingekeilt zwischen das preußische Regiment in der Nordprovinz und den nahe drohenden Hauptteil des preußischen Staates, konnte er seine Stellung nicht gut anders befestigen als dadurch, daß er sich auf die Bevölkerung selbst stützte und ihren Wünschen entgegenkam. Er tat nichts dazu, dem Augustenburger Einfluß und Machterweiterung zu unterbinden, und forderte so mit Bewußtsein, wenn nicht mit Absicht, den Protest Preußens heraus, dessen Anschauungen ja bekannt waren.

Die internationale Lage verschlimmerte diese zunehmende Spannung zwischen den deutschen Großmächten. Graf Bismarck — das war er nach dem Gasteiner Vertrag geworden — hatte wiederholt seinen Badeaufenthalt in Biarritz genommen und so Gelegenheit gefunden, sich mit Napoleon ins Einvernehmen zu setzen. Österreich konnte diese Vertraulichkeit im Zusammenhang der europäischen Lage nur mit großem Mißtrauen ansehen. Seine inneren Schwierigkeiten wuchsen zudem, seine Finanzlage war kritisch; es hatte Lauenburg gegen $2^1/_2$ Millionen dänische Taler an Preußen abgetreten — jetzt kamen von Preußen sowohl wie von dem jungen Italien neue Angebote, Provinzen gegen Geldentschädigungen preiszugeben. Venetien und Holstein — das waren die beiden unhaltbaren Positionen der österreichischen Monarchie. Sollte sie mit bürgerlicher Klugheit das Lästige beizeiten abstoßen, oder sollte sie auf Lebensgefahr hin um der Ehre willen das Schwert ziehen?

Anfang 1866 kam es zwischen der preußischen und der österreichischen Regierung zur Aussprache. Bismarck trat ernst und fest an den Gegner heran. Die Noten, die gewechselt wurden, zeigten, daß die Entfremdung endgültig war. Gegen den drohenden Ausbruch erhoben sich in Berlin eine Anzahl Widerstände dynastischer Natur. Der König wehrte sich aus Ängstlichkeit und Pietät, die Königinwitwe trat als geborene bayrische Prinzessin für das süddeutsche und das Reichsinteresse ein, der Kronprinz kämpfte als Liberaler und Freund des Augustenburgers zusammen mit seiner Gemahlin und seinem ganzen Kreis gegen die „Skrupellosigkeit" des mächtigen Ministers. Bismarck hat damals vielleicht die schwersten Stunden seiner Laufbahn durchlebt. Isoliert und befehdet war er immer, seitdem er so hart und wuchtig als persönlich Wollender in die große Welt des Staates eingetreten war. Aber niemals ist er, und niemals ist wohl ein Staatsmann so nah am Abgrund einhergeschritten, bestürmt vom allgemeinen Haß. Der Konflikt mit der preußischen Volksvertretung war bis zum erklärten Verfassungsbruch angewachsen. Der Hof sah in ihm einen Feind, die öffentliche Meinung Deutschlands einen waghalsigen Frevler. Und so forderte er Österreich heraus, den kompakteren, materiell und militärisch dem Anschein nach mächtigeren Staat, dem es an wichtigen Sympathien ebensowenig fehlte wie an ernsthaften Bundesgenossen.

Es gelang Bismarck, sich auch einen Bundesgenossen zu sichern, und zwar den gefährlichsten, den es für Österreich gab: Italien. Daß das junge Italien in absehbarer Zeit in den Besitz Venetiens kommen würde, war nach der politischen Lage zu erwarten. Es schien nicht ausgeschlossen, daß der emporgekommene Staat auch diesen Gewinn durch die Hilfe mächtiger Freunde erlangen könnte. Nochmals einen Krieg gegen das überlegene Österreich zu versuchen, schien für Italien wenig verlockend. Es war viel klüger und gewiß nicht unmöglich, durch bloßen Druck auf Österreich und durch Vermittlung Napoleons das große Ziel zu erreichen. Und da ist es der glänzenden Diplomatie Bismarcks gelungen, Italien an Preußen zu ketten und es für den Siegespreis Venetien in den bevorstehenden Krieg mit Österreich zu ziehen. Es war für Preußen eine militärische Notwendigkeit, einen Teil der österreichischen Armee im Süden zu binden. Hohe Militärs haben denn auch zuerst verhandelt; Moltke sollte nach Italien gehen, als General Govone mit italienischen Vorschlägen in Berlin erschien. Bismarck griff aber dann fest zu und schloß am 8. April 1866 das Offensivbündnis. Zwischen Österreich und Preußen gingen indessen die hastigen und erregten Anfragen, Verhandlungen, Vorschläge und Drohungen hin und her, die für die Zeit vor einem weltgeschichtlichen Konflikt so bezeichnend sind. Österreich rüstet, weil Preußen angeblich mobilisiert, und wendet sich mit bitterer Beschwerde an den Deutschen Bund; Preußen erklärt, von Österreich bedroht zu sein, und geht den Bund um Unterstützung an. Es werden auf beiden Seiten alle Kriegsvorbereitungen getroffen, Festungen armiert, Truppenformationen ergänzt und zusammengezogen; die öffentliche Meinung wird erregt, klagt an, verlangt Frieden, reizt aber und erbittert, so daß sie selbst die friedliche Lösung, die sie will, erschwert. Jeder der beiden behauptet, angegriffen zu sein und deshalb anzugreifen.

Bismarck hat diese kritische Zeit als einen ganz persönlichen grandiosen Kampf um seinen Staat, um sein Werk, um seine nächsten menschlichen Interessen durchgemacht, im Innern unvergleichlich klar auf das Ziel gerichtet, körperlich und seelisch durch die täglichen Reibungen aufs äußerste angespannt. Er hat den Krieg mit Österreich gewollt. Er hat ihn wollen müssen, weil er diese Lösung seit Jahren als Staats- und Völkerschicksal nahen sah. Er wußte genau, daß dieser Krieg für die Großmachtstellung Preußens, für die Geltung des Deutschtums in Europa die Entscheidung brachte. Er sah vor sich ganz nahe die Möglichkeit einer unerhörten Demütigung des Staates Friedrichs des Großen, und er fühlte in sich die Kraft, ihn zu einem unerhörten Triumphe emporzureißen.

Der nahende Krieg war der letzte Austrag des Kampfes um die Vorherrschaft in Deutschland. Bismarck wandte sich an den Bund mit seinen Anträgen und Plänen — mit resoluter herrischer Offenheit. Er forderte ein Parlament auf Grund des allgemeinen gleichen und direkten Wahlrechts. Der Bund nahm das nur mit Mißtrauen auf und verlangte, was ganz im Sinne der herkömmlichen konservativen Politik auch Preußens war, zuerst eine Verständigung der Regierungen über die Vorschläge, die diesem neuen deutschen Parlamente gemacht werden sollten. Und da ging Bismarck so weit, eine Verständigung dieser Art als prinzipiell unwahrscheinlich zu bezeichnen und die Einberufung des Parlamentes ohne weiteres zu verlangen. Er tat also das, was die Führer der Volksbewegung im Jahre 1848 getan hatten. Sein Vorgehen und seine Mittel waren revolutionär; der autokratische Minister entband die demokratischen Kräfte gegen die Mächte der geschichtlichen Konvention und des Legitimismus. Wenn er auch Preußens Vertreter Savigny nachträglich Andeutung über die Reformpläne beim Bundestag machen ließ — der Schritt war geschehen, ein Schritt, wie er nicht entschiedener und gewaltsamer hätte sein können.

Der Depeschenwechsel zwischen Österreich und Preußen über die Rüstungen nahm seinen Fortgang; es kam zur zeitweisen Zurückschraubung auf beiden Seiten. Österreich schlug Preußen vor, die Schleswig-Holsteinische Erbfolgefrage vom Bund schlichten zu lassen, es kam Preußen so weit entgegen, ihm die provisorischen Vorteile des Gasteiner Vertrags als definitiv zuzugestehen. Aber es zeigte sich nun sehr charakteristisch, wie die Kriegsgefahr über ihren unmittelbaren Anlaß hinausgewachsen war und wie die tiefsten Bedingungen und Gründe des politischen Daseins jetzt in Wirkung traten. Es handelte sich nicht mehr um die Herzogtümer, es handelte sich um europäische Machtfragen, die seit Jahrhunderten lebendig waren und die für einen neu heranbrechenden Welttag geregelt werden mußten.

Die Beschleunigung des Ausbruchs erfolgte durch Italien. Seine Kriegsstimmung, seine Mobilmachung erzwang die Mobilisierung der österreichischen Südarmee. Es regten sich nun auch die deutschen Mittel- und Kleinstaaten. Regierung und öffentliche Meinung stellten sich der Tradition gemäß unbedingt auf seiten Österreichs, und niemals ist vielleicht die übliche Antipathie gegen das Preußentum zu solcher Heftigkeit, zu solcher Empörung aufgelodert. In Preußen selbst war der Krieg, der Bruderkrieg, wie man sagte, durchaus unpopulär. Besonders ist dies in der westlichen Staatshälfte hervorgetreten.

Von ungeheurer Wichtigkeit für Bismarck war die Frage, welche Stellung die nächsten Nachbarn bei dem Kampf einnehmen würden. Rußlands war er nach allem, was vorhergegangen war, sicher: es würde für Österreichs Bestand keine Hand rühren. Auch bei Napoleon hatte Bismarck ja vorzüglich vorgearbeitet. Es entsprach dieser Arbeit, wenn der Kaiser jetzt Preußen wohlwollende Neutralität zusicherte. Der Krieg war ihm durchaus erwünscht, er war der zuschauende Dritte und hoffte jetzt, wenn die deutschen Großmächte einander schwächten, sicher zu seinen Kompensationen zu kommen. Die kleinliche Schlauheit der Napoleonischen Politik zeigte sich aber jetzt recht: er hat sich heimlich auch mit Österreich verständigt und sich, wie es scheint, deutsches Land sicher versprechen lassen. Wie ein feiger Spieler wettete er also auf beide Konkurrenten, um unter allen Umständen zu gewinnen; und es war nur gerecht, wenn er unter allen Umständen verlor. Der schließliche Ausbruch des

Krieges ist dann erfolgt durch einen preußischen Antrag beim Bunde, der auf einen Bundesstaat ohne Österreich hinauslief. Bayern schlug sich zu Österreich, ebenso die anderen Süddeutschen. Österreich setzte den Bundeskrieg gegen Preußen durch, und damit war der Bund zerbrochen. Es wurden keine Kriegserklärungen gegeben. Der Krieg begann, eingeleitet durch eine preußische Proklamation an das deutsche Volk, in der die Neuregelung durch eine zukünftige deutsche Nationalversammlung in Aussicht gestellt wurde.

Es war für die Zeitgenossen eine ungeheure Überraschung, daß Preußen diesen Krieg so rasch und so glänzend führte. Königgrätz, der Mainfeldzug, Custozza — damit sind die drei Schauplätze und die drei Entscheidungen bezeichnet. Königgrätz wurde die Schlacht des Jahrhunderts. Der preußische Staat hatte gezeigt, daß seine Leiter das Recht hatten, alles von ihm und alles für ihn zu verlangen. Zwischen Österreich und Preußen handelte es sich nicht um einen Vernichtungskrieg, sondern um eine Kraftprobe. Als solche hat Bismarck den Kampf gewollt. Und von diesem Grundgedanken geleitet, nahm er die schwerste Aufgabe seines Lebens in die Hand, die Schaffung und Befestigung des neuen Zustandes in Zentraleuropa. Es war eine beispiellose Schwierigkeit, zu einem klugen und würdigen Frieden zu gelangen mit einem Staat, der nicht ganz entkräftet war und nicht ganz entkräftet werden durfte, einen Verbündeten an der Seite, der im Feld geschlagen war und trotzdem den Siegespreis Venetien sogleich erhielt, an der Flanke endlich den falschen Gönner und Gewinnmacher Napoleon.

Wie schwer war es gewesen, den König Wilhelm überhaupt für den Krieg mit Österreich zu stimmen. Jetzt, nach dem Siege, sollte, nach des Königs Ansicht, jeder der Besiegten seine gerechte Buße auf sich nehmen. Der König wollte von Österreich Teile Böhmens, dann ein gutes Stück des Königreichs Sachsens, wenn nicht das ganze, von Bayern endlich die alten Hohenzollernlande Ansbach und Bayreuth nehmen. Die tiefere politische Weisheit Bismarcks hat eine solche, gewissermaßen bürgerliche Abrechnung und Bestrafung verworfen. Er war so groß, einzusehen, daß man besiegte Verbündete ungleich behandeln muß, um sie zu trennen und die Sicherheit des Gewinnes zu erhöhen.

Der Friede mußte schnell gemacht werden, denn es drohte die Einmischung Napoleons und des Zaren. Dieser Friedensvertrag von 1866 (Präliminarien in Nikolsburg und Schlußvertrag in Prag) ist vielleicht die glänzendste Leistung des Diplomaten Bismarck: Österreich wurde geschont, es schied intakt aus dem Bunde aus, verzichtete auf Holstein und zahlte Kriegskosten; Bayern, Sachsen, Württemberg und Baden wurden ebenfalls geschont und hatten nur zu zahlen; aber Hannover, Kurhessen, Nassau und die freie Stadt Frankfurt wurden ihrer Selbständigkeit beraubt und Preußen einverleibt. Endlich kamen die Herzogtümer Schleswig-Holstein zu Preußen, und der Großherzog von Oldenburg erhielt eine Entschädigung für seinen Verzicht auf die Erbfolge. Eine ganz neue Lage war jetzt geschaffen.

Der zweite deutsche Großstaat Preußen, der mit seiner großen Osthälfte und seiner kleinen Westhälfte das nördliche Deutschland mit Anspannung aller Kräfte zusammenhalten mußte, der die Schwierigkeit endloser Grenzlinien nur aufwog durch seine historische Militärmacht, der die Divergenz seiner Provinzen an politischer Anschauung und an Kultur nur auszugleichen wußte durch strenges Regiment — dieses Preußen war nun die deutsche Großmacht geworden, um mehr als ein Viertel an Einwohnerschaft und Ausdehnung vergrößert, jedem Mittelstaat und der Gesamtheit der Mittel- und Kleinstaaten fraglos überlegen, ein kompakter Staatsleib, der sich vom Rhein bis zur Ostsee mächtig hinstreckte und, was es noch an Sonderherrschaften in Norddeutschland gab, schützend umhegte. Das war nun der glänzende Abschluß der brandenburg-preußischen Geschichte. Preußen war über sich selbst hinaus in das größere Deutschland hineingewachsen und stattete es aus mit all der staatlichen Zucht, der es seine Größe verdankte. Jetzt konnte Preußens deutsche Epoche beginnen. Es war in sich selbst fertig. Und damit begann auch zugleich Deutschlands europäische Epoche.

Welche Form gab nun Bismarck seinen neuen Schöpfungen? Bevor sich Bismarck einrichten konnte, mußte das drohende Eingreifen Napoleons abgewehrt werden. Er verlangte jetzt durch seinen Gesandten Benedetti direkt und dringend die französische Grenze der Zeit vor 1815, da doch nun die Wiener Verträge durch Preußen zerbrochen seien. Bismarck weigerte sich, auf Verhandlungen über das linke Rheinufer einzugehen, und es entstand für einen Augenblick Kriegsgefahr. Napoleon mußte einsehen, daß Frankreich für den Moment nicht imstande war, den Krieg zu führen, und versuchte durch neue Projekte etwas zu erreichen. Schon von jeher hatten in den Unterredungen zwischen Napoleon und Bismarck Belgien und Luxemburg eine Rolle gespielt. Bismarck hatte Napoleons Aspirationen darauf immer mit überlegener Klugheit wachgehalten. Es konnte Preußen und Deutschland gleichgültig, wenn nicht angenehm sein, daß der französische Kaiser sich an der Integrität neutraler Staaten zu vergreifen gewillt war. Und so ging er auch jetzt darauf ein und ließ sich von Benedetti einen eigenhändigen Entwurf über die französischen Kompensationsansprüche schreiben, dessen Veröffentlichung bei Beginn des Deutsch-Französischen Krieges 1870 von unschätzbarem Werte geworden ist und Belgien sowohl wie die neutralen Mächte über die Eroberungsgelüste Frankreichs genügend aufgeklärt hat.

Zunächst war Napoleon abgewiesen. Bismarck konnte die Grundlagen des neuen Reiches schaffen. Das Wichtigste war, in Preußen mit der Volksvertretung in ein Verhältnis zu kommen. Bismarck hatte, wie wir wissen, keinen Prinzipienkampf gegen das liberale Bürgertum geführt. Er hatte das Notwendige getan, das freilich mit allen möglichen Machtmitteln. Es war zu den schärfsten Maßregelungen, zur offenen Verfassungsverletzung gekommen. Wie weit die persönliche Verbitterung ging, zeigt der Konflikt mit Virchow, dem Bismarck eine Pistolenforderung überbringen ließ. Jetzt, nachdem bei Königgrätz König Wilhelm und Bismarck, der Schöpfer der Militärreform und ihr politischer Verteidiger, ganz persönlich gesiegt hatten, da streckte Bismarck dem feindlichen Liberalismus die Hand zum Frieden hin: eine Tat, deren Weisheit der Schonung Österreichs gleichkommt. Dieselben kurzsichtigen Gegner bekämpften ihn auch hier; die legitimistischen und höfischen Kreise, der dogmatische Konservatismus also, widersprachen auf das heftigste. Bismarck setzte das Indemnitätsgesetz doch durch, der Aufwand für die Militärreform wurde nachträglich gutgeheißen und so der Verfassungskonflikt loyal zum Abschluß gebracht. Dadurch war Bismarck in den Stand gesetzt, mit staatsmännischer Ehrlichkeit den Bund zwischen dem preußischen Staatsgedanken und der deutschen Nationalidee zu schließen. Er vereinigte das neue Preußen mit den norddeutschen Mittel- und Kleinstaaten zum Norddeutschen Bund.

Der Norddeutsche Bund, die schnell vergessene und durch die glänzendere Reichsgründung in Schatten gestellte Neubildung des Jahres 1866, trägt bereits alle wesentlichen Merkmale des Bundesstaates an sich: er ist bereits die eigentlich große und entscheidende Tat, und das Reich ist nur seine Erweiterung. Der Verfassungsentwurf für den Norddeutschen Bund ist das ganz persönliche Werk Bismarcks. Er hat von Lothar Bucher, von Duncker und Savigny Entwürfe eingefordert und sie als zu unitarisch, zu theoretisch, zu papiern verwerfen müssen. Die aus dem Jahre 1848 stammenden Verfassungsorgane, die in den Einheitsprojekten immer wieder auftauchen, Reichsministerium und Oberhaus, konnte er nicht gebrauchen. Es mußte in dieser Konstitution dem preußischen Kernstaat die Führerschaft ebenso sicher gewahrt werden wie den schwachen Einzelstaaten Würde und Einfluß. In wenigen Stunden hat Bismarck im Dezember 1866 die grundlegende Skizze gemacht, die die beiden wesentlichen Schöpfungen zeigt: das später Bundesrat genannte Zentralorgan, einen veredelten Bundestag von konzentrierter Kraft, aus der diplomatischen Unverbindlichkeit gelöst und zur bureaukratischen Brauchbarkeit gestaltet, schon äußerlich mit dem alten Bundestag entwicklungsmäßig verknüpft durch Hinübernahme der Stimmenverteilung — und dann als das wirkliche und leitende Haupt des Bundesstaates das mit allen monarchischen Machtmitteln ausgestattete Bundespräsidium.

Die auf allgemeinem und gleichem Wahlrecht beruhende Nationalversammlung, das Norddeutsche Bundesparlament, erfüllte nunmehr die nationalen Versprechungen Bismarcks; in der neuen Bundesverfassung hatte er das demokratische Organ durch die notwendigen Organe staatlicher Autorität befestigt, er hatte die eine Macht durch die andere Macht gesichert, er hatte alte und neue Stände, aristokratische und bürgerliche Kräfte verbunden, er hatte neuen Parteien Raum neben den alten geschaffen und so im ganzen ein einziges Werk staatsmännischer Genialität für sein Volk begründet.

Der Ausbau des Norddeutschen Bundesstaates war die Aufgabe der nächsten Jahre: durch wirtschaftliche Einheit, Gleichheit der Rechtsbedingungen, Freizügigkeit mußte nun innerhalb des neuen Bundesstaates ein neues Bundesvolk geschaffen werden, ein in sich einheitliches und einiges, zu gemeinsamer Arbeit tüchtiges Volksganzes.

Der Krieg mit Frankreich und die Reichsgründung

Das europäische Ereignis der letzten Jahre war die Konsolidation Deutschlands; und Bismarck war ihr Schöpfer. Zwischen dem Norddeutschen Bund und dem nach Osten gedrängten Österreich standen nun ohne stärkeren nationalen Rückhalt die süddeutschen Staaten. Ihr Schicksal mußte eines der Hauptprobleme der nächsten Zeit sein. Sie konnten sich entweder für Österreich gewinnen lassen, falls dieses noch einmal den Versuch machen sollte, seine deutsche Position zu gewinnen — oder sie konnten in rheinbundähnlicher Form den Schutzbestrebungen des französischen Kaisers anheim fallen; oder sie konnten sich endlich mit dem Norddeutschen Bund zusammenfinden. Alle drei Möglichkeiten lagen nach 1866 ziemlich gleich nahe.

Die süddeutschen Staaten haben den Eintritt in den Norddeutschen Bund bald erwogen; Bismarck hat wegen der Gefahr der internationalen Lage diese Bestrebungen nicht besonders gefördert. Der Hauptträger des Zusammenschlußgedankens war der bayrische Ministerpräsident Fürst Hohenlohe, der damit keinen ganz leichten Stand gehabt hat. Einstweilen kam es nur zu militärischen Verabredungen zwischen Preußen und Süddeutschland für den Fall eines Krieges mit Frankreich. Eine intimere politische Zusammengehörigkeit schien noch unerwünscht und unmöglich. Das Zollparlament von 1868 wurde mit deutlicher Absichtlichkeit auf die Beratung der wirtschaftlichen Fragen beschränkt. Es war die erste parlamentarische Vereinigung des gesamten nichtösterreichischen Deutschland; aber zwischen den nationalen Wünschen und dem Wirkungsbereich dieser Versammlung klaffte ein allzu weiter Raum. Wer nüchtern urteilte, der mußte einstweilen eine Stockung und eine Unsicherheit empfinden.

Bismarck konnte des Sieges von 1866 nicht froh werden, solange der gekränkte und enttäuschte französische Kaiser vom Westen her jeden lebendigen Fortschritt des neuen Deutschland feindlich bedrohte. Das Verhältnis war nun nicht anders: nach dem Krimkrieg hatte Napoleon III. übermächtig in Europa dagestanden; dann war die neue staatsmännische Kraft Bismarcks siegreich neben ihm emporgestiegen. Nach 1866, nach „Sadowa", hatte Bismarck zweifellos die Überhand. Man vereinfacht den großen historischen Konflikt nicht unrechtmäßig, wenn man ihn so persönlich nimmt. Es ist durchaus auch ein persönlicher und menschlicher Kampf; die Gefühle der Rivalität verbinden sich mit den überpersönlichen Machtgedanken, die aus jahrhundertealtem Geschehen erwachsen und das Leben der europäischen Staatenbildungen erfüllten und erfüllen. Seit dem Ausgang der mittleren Epoche hat der Gegensatz zwischen den Häusern Habsburg und Bourbon die Völkerschicksale von Europa beherrscht. In Wien und in Madrid hatte das habsburgische Haus die Pole seiner Macht begründet und von dort seine weltweite Herrschaft befestigt über Italien und Deutschland, nach Osten gegen die Türken und nach Westen unbegrenzt über die Meere nach dem neuen Kontinent. Und gegen diese majestätische Umklammerung hatten sich jüngere Mächte aufgebäumt, unter denen bald der Staat die erste Stellung gewann, der am geschlossensten und glücklichsten absolute Fürstenherrschaft und nationale Zusammengehörigkeit verband: Frankreich. Dieses Frankreich erhebt sich unbefangen und glänzend, es ringt um die Hegemonie in Europa, um Meerherrschaft und kolonialen Besitz. Es muß sich demütigen, es macht mit seiner strotzenden Volkskraft, beschwingt von dem lebhaften und klugen Geist seiner Kultur, die Versuche gegen das ersehnte Gleichgewicht Europas immer wieder. Die Revolution setzt Ludwig XIV. fort, und Napoleon III. vermeint hinterhältig und raffiniert dasselbe zu erlangen, was den ehernen Händen Napoleons I. entglitten war. Immer war das zersplitterte Italien und das zerrissene Deutschland eine dankbare Domäne für die Vorherrschaftsbestrebungen der französischen Herrscher. Auf den Schlachtfeldern der Lombardei und Süddeutschlands hatte Napoleon I. die habsburgische Macht bezwungen. Jetzt hatte Napoleon III. zur Einigung Italiens geschäftig und nicht ohne eigenen Vorteil mitgeholfen, und da mußte er es mit ansehen, wie der kleine, zerstückte, arme Soldatenstaat Preußen die Machtverteilung in Zentraleuropa völlig verwandelte: dieses Preußen zog den Schützling Italien zu sich hinüber, es schlug Österreich und zwang ihm einen neuen politischen Lebensinhalt auf, es nahm sich endlich, was es für eine richtige Großmachtexistenz brauchte, und schickte sich an, in dieser Gestalt als Herr im deutschen Hause aufzutreten.

Für Frankreich war jetzt nicht mehr Österreich der stärkste Konkurrent; der jahrhundertealte Gegensatz hatte sich verschoben. Wollte Napoleon III. die politische Tradition Frankreichs bewahren, so mußte er den Emporkömmling niederzwingen. Diese Notwendigkeit war für das politische Prestige des Kaisers doppelt zwingend, seitdem sein großartiger Versuch, der lateinischen Rasse in der neuen Welt durch die Eroberung Mexikos eine Stellung zurückzugewinnen, mißlungen war. Es ist klein, dieses Projekt einer Reichsgründung als ein Abenteuer abzulehnen. Es ist vielmehr an Bedeutung der ägyptischen Unternehmung Napoleons I. zu vergleichen: wie diese entsprang es dem Besten des Napoleonischen Geistes, der kühn zupackenden weltpolitischen Kraft.

Von dem ozeanischen Unternehmen wandte sich der französische Kaiser hastig und enttäuscht in den Kreis europäischer Rivalitäten zurück, wo schließlich doch seine politische Geltung sich entscheiden mußte.

1867 ergriff Napoleon von neuem den Gedanken, Luxemburg zu erwerben. Er betrieb diesmal die Angelegenheit ohne jeden höheren politischen Schwung einfach als Geschäft. In aller Heimlichkeit verhandelte er mit dem König von Holland über den Verkauf. Die Sache war schon beinahe perfekt, als Bismarck sie verhinderte. Es gelang ihm durch geschicktes Arrangement, einen Ausbruch des deutschen Nationalgefühles herbeizuführen, der für Frankreich so bedrohlich war, daß Napoleon in letzter Stunde lieber auf den Verkauf verzichtete. Auf einer Londoner Konferenz wurde die Angelegenheit so geregelt, daß Preußen seine Truppen aus Luxemburg zurückzog und die Bundesfestung dem untergegangenen Bunde nachfolgte: sie wurde geschleift und das Land neutralisiert. Die Luxemburger Angelegenheit bedeutet, kann man sagen, den politischen Bruch zwischen Bismarck und Napoleon. Sie hatten, wie wir sahen, jahrelang zusammen gearbeitet, sie hatten in vielem einander genutzt und sich manches verdankt. Bismarck, das hatte sich nunmehr gezeigt, war in diesem Verhältnis der Überlegene und der Gewinnende. Napoleon wandte sich jetzt von ihm ab. Bis zu diesem Zeitpunkt schien ein Bündnis zwischen Frankreich und Preußen bevorzustehen. Davon konnte jetzt nicht mehr die Rede sein. Zwar kam König Wilhelm 1867 nach Paris zur Weltausstellung, die die letzte rauschende Feier französischer Kulturherrschaft gewesen ist. Politisch spitzte sich der Gegensatz zwischen der sinkenden und der steigenden europäischen Macht aber fühlbar zu.

Napoleon suchte Verbündete, er plante eine Tripelallianz gegen den Norddeutschen Bund. Und da fand er sich mit dem leitenden Kopf Österreichs zusammen, mit dem Grafen Beust. Beust ist einige Jahre lang einer der wichtigsten Gegenspieler Bismarcks gewesen, menschlich und politisch sein Widerpart: der glatte, süßlich-verlogene Diplomat mittelstaatlicher Herkunft, der nun, aus Sachsen nach Österreich verschlagen, die Wendung der Monarchie nach dem Osten noch einmal zu paralysieren versuchte und eine süddeutsche Politik begann, deren Zweck die Wiedergewinnung der deutschen Position Österreichs war. In Salzburg traf sich Napoleon III. mit Kaiser Franz Joseph. Kaiser Maximilian war in Mexiko erschossen worden; dieses bittere Erlebnis, das sie gemeinsam traf, führte die beiden Monarchen auch persönlich zusammen. Napoleon war begeistert in Süddeutschland empfangen worden; sollte es nicht möglich sein, gemeinsam mit überlegener Kraft die Folgen von Königgrätz rückgängig zu machen? Als Dritten im Bunde konnte Napoleon Italien mit leichter Mühe haben. Man darf sagen, daß seit dem Krimkrieg bis in die neueste Zeit Italien zwischen den wirklichen Großmächten immer die Rolle des praktisch veranlagten Condottiere gespielt hat. Wenn etwas zu haben war, machte es mit, unbekümmert um die Plötzlichkeit und Inkonsequenz seiner Frontwechsel. Damals hatte Napoleon den Siegespreis für Italien in der Hand: Rom.

Zu einem formellen Dreibund ist es dann aber doch nicht gekommen. Napoleon erfand eine neue geheimnisvolle Art der Bindung: die Form des Briefaustausches zwischen den Monarchen. Napoleon, Franz Joseph und Viktor Emanuel haben sich damals im September 1869 in persönlichen Briefen gegenseitige Unterstützung ohne bestimmte Beziehung zugesichert und sich zu gemeinsamen diplomatischen Verhandlungen verpflichtet. Als solche genommen besagten diese Dokumente wenig genug; sie bekamen aber durch den Zusammenhang der Ereignisse eine bedrohliche Bedeutung. Die Verhandlungen gingen nach diesem Meinungsaustausch weiter, und zwar in erster Linie von seiten Beusts. Österreich verständigte sich mit Italien über die Rückendeckung im Falle eines Krieges mit Preußen; die Zersplitterung nach zwei Fronten wie im Jahre 1866 mußte nach Möglichkeit vermieden werden. Und auch mit Frankreich setzte der Meinungsaustausch Anfang 1870 wieder stark ein. Napoleon und Beust haben das gleiche gewollt, die Demütigung des Bismarckischen Preußen. Sie sind aber von einem verschiedenen Gesichtspunkt ausgegangen und wurden deshalb nur mit Schwierigkeiten in den Mitteln einig. Bei Napoleon waltete der europäische, bei Beust der deutsche Gesichtspunkt vor. Der deutsche nationale Gedanke war das Zeitmoment, an dem sie sich schieden. Napoleon rechnete damit, die Süddeutschen irgendwie an sich zu fesseln, die süddeutschen Mittelstaaten zu packen als eine in der internationalen Welt frei schwebende und anlehnungsbedürftige politische Gruppe. Für Österreich lag darin eine Gefahr: Beust mußte versuchen, die Süddeutschen als Deutsche mit seinem Staate aufs neue zu verbinden.

Wie oft in der Vorgeschichte großer Völkerkonflikte sind die militärischen Leiter miteinander in Fühlung getreten, als die Diplomatie an Schwierigkeiten ins Stocken kam. Erzherzog Albrecht war das geistige Haupt der Kriegspartei in Wien. Er hat einen berühmt gewordenen Feldzugsplan für die Armeen der Tripelallianz im Krieg gegen den Norddeutschen Bund ausgearbeitet. Er war in Paris und prüfte mit dem scharfen Auge des Fachmannes die gerade in der unvollständig gebliebenen Reform befindliche französische Armee. General Lebrun kam zum gleichen Zweck nach Wien. Das Ergebnis dieser wechselseitigen Sondierung war nicht übermäßig ermutigend. Die Österreicher konnten kein unbegrenztes Vertrauen zum französischen Heer haben, und sie selbst waren nicht imstande, so schnell mobil zu machen, wie es Preußen konnte und Frankreich zu können behauptete. Wollte man gemeinsam losschlagen, so mußte Österreich den Feind über seine politische Stellungnahme systematisch im unklaren halten.

Das Ergebnis war: Frankreich und Österreich wollten beide einen Krieg, und Italien war bereit mitzumachen. Wann und wie man ihn beginnen sollte — das war nicht verabredet; und vor den letzten entscheidenden Schritten wurden die leitenden Männer durch Zwiespalt und Mißtrauen abgehalten.

Der Ausbruch erfolgte durch die Frage der spanischen Thronkandidatur. Im Jahre 1868 wurde der Erbprinz Leopold von Hohenzollern zuerst als aussichtsreich genannt. Er war nur einer von mehreren Kandidaten, und in Spanien selbst waren nur wenige für ihn. Allerdings hatte aber sein Name von vornherein eine besondere Wichtigkeit; zwei Jahre vorher war sein junger Bruder Karl zum Fürsten von Rumänien auserwählt worden, und man hatte sich mit Absicht für den Hohenzollern und den preußischen Offizier entschieden. Der Gewinn war auf der Seite Rumäniens, aber für die Dauer auch auf der Seite des preußisch-deutschen Staats- und Machtgedankens.

Mit der Kandidatur des Erbprinzen Leopold — das war zweifellos — eröffnete sich eine neue und größere Möglichkeit. Der Vater des Erbprinzen Fürst Karl Anton handelte vom ersten Augenblick an klug und korrekt. Als die spanischen Werber kamen, verwies er sie an Napoleon und an König Wilhelm. Er war mit beiden verwandt; aber dieses dynastische Moment konnte selbstverständlich nur nützlich und nicht entscheidend sein. Die Frage war keine Familienangelegenheit, sondern eine Frage der hohen Politik, und deshalb mußten die Häupter der beiden europäischen Mächtegruppen einverstanden sein, wenn die Sigmaringer sich näher damit befassen sollten.

Bismarck nahm diese Angelegenheit denn auch sofort als eine hochpolitische auf und ließ alle Kräfte spielen, die Verwirklichung des Gedankens vorzubereiten. Er schickte Theodor von Bernhardi nach Spanien, um sich über die Verhältnisse zu informieren, da der preußische Gesandte als Anhänger der vertriebenen Königin Isabella legitimistisch befangen war. Der König und der Kronprinz von Preußen waren, wohl auch aus dem Gefühle dynastischer Loyalität heraus, Gegner des kühnen Planes. Desto eifriger setzte sich Bismarck für ihn ein. Er paßte zu seiner unbefangenen starken Art: welch ein Gedanke, an der französischen Westgrenze einen mit deutscher Solidität regierten, dauernd freundschaftlichen Staat zu haben! Welch ein Gewinn für die deutsche Arbeit und für den deutschen Geist, vor allem aber und zunächst für die Machtverteilung in Europa. Am 15. März 1870 fand eine große Beratung in Berlin statt, bei der die Inhaber aller hohen Staatsämter zugegen waren; auch Moltke nahm teil. Bismarck hatte eine Denkschrift verfaßt und trat ebenso mündlich warm für die Annahme der Königskrone ein. Trotzdem lehnten der Erbprinz und sein Vater ab, sehr zur Befriedigung König Wilhelms. Bismarck ließ sich aber nicht abschrecken. Er schickte preußische Geheimagenten nach Spanien, er ließ den Kronprinzen bearbeiten, er gewann schließlich denn auch den Prinzen Leopold, den die große Aussicht begreiflicherweise schon seit längerer Zeit innerlich gefangen genommen hatte. Es war zweifellos ein großer historischer Augenblick für das Haus Hohenzollern, für Deutschland, für Europa. Warum sollte man nicht das Glück zwingen, wenn man mutig zupackte? Bismarck korrespondierte mit Prim, dem spanischen Unterhändler; dreimal ist sein Vertrauter Lothar Bucher in Spanien gewesen; in Ems sah er den Fürsten Karl Anton und den Zaren Alexander, der zum Besuch des Königs dorthin kam. Am 20. Juni erklärte der Erbprinz in Sigmaringen dem Spanier Salazar seine Zustimmung, und König Wilhelm, von Bismarck klug geschont, wich dem scheinbar überstarken spanischen Drängen und willigte ein.

Wie würde sich nun Frankreich zu der Angelegenheit stellen? Selbstverständlich hat Napoleon von den vorbereitenden Schritten Kenntnis bekommen. Es war die Aufgabe der spanischen Politiker, dem Kaiser die Angelegenheit mundgerecht zu machen und seine Zustimmung vor der Veröffentlichung des Planes und der offiziellen Wahl zu gewinnen. Daß der Kaiser dem Projekt abgeneigt war, wußte Prim von früher. Vielleicht wäre es möglich gewesen, bei Napoleons augenblicklicher, durch körperliche Krankheit bedingter Friedensstimmung sein Plazet zu erlangen, besonders wenn es in einer für seine autoritative Stellung schmeichelhaften Weise erbeten wurde. Das ist nun den Spaniern mißlungen. War es Ungeschick, war es Taktlosigkeit, war es plumpes Doppelspiel — gleichviel: die Sache wurde vor der Zeit in der französischen Diplomatie und dann in der französischen Öffentlichkeit bekannt. Es war keine bloße Phrase, wenn die französische Presse von einer Wiederherstellung der Universalmonarchie Karls V. sprach. Hatte doch Bismarck selbst im Februar an die spanisch-österreichische Machtstellung des Hauses Habsburg erinnert, in die jetzt das Haus Hohenzollern eintreten könnte. Im großen geschichtlichen Zusammenhang gesehen, war die Lage in der Tat so. Für Frankreich drohte eine Umklammerung; militärisch wären im Kriegsfall wichtige Armeeteile gebunden worden. Bismarck hat aber nun keineswegs durch die spanische Thronkandidatur den Krieg herbeiführen wollen. Als ein Staatsmann des großen Stils hat er den Krieg als solchen nie gewollt. Er hat nur mit völligem Wissen und völliger Sachlichkeit die Konstellation beurteilt: er hat gerechnet mit der entstehenden Tripelallianz gegen Preußen und seine Verbündeten und hat nach Möglichkeit die Stellung seines Staates zu stärken versucht. Die spanische Angelegenheit konnte, richtig verwertet, sogar ein Mittel zum Frieden werden. Wenn es nun gelang, Spanien dem Hohenzollern zu sichern und Kaiser Napoleon durch die fertige Tatsache einzuschüchtern? Nahm er das hin, dann war die Tripelallianz im Entstehen vernichtet, und Preußen war Sieger ohne Krieg.

Für Rückendeckung hatte Bismarck ausgezeichnet gesorgt. Zar Alexander hatte in Ems für den Fall eines deutsch-französischen Konfliktes wohlwollende Neutralität zugesichert und versprochen, beim Eingreifen Österreichs mit 300 000 Mann in Galizien einzurücken. Rußland und Deutschland übten auch auf Dänemark einen Druck aus, so daß es sich zur Neutralität verpflichtete, bevor ein französischer Spezialgesandter eintraf. England hatte in Kopenhagen in demselben Sinne gewirkt. Es sah ein, daß ein Konflikt auf dem Kontinent für seine Interessen nur vorteilhaft sein könnte. Weder Frankreich noch das um seine Einheit ringende Deutschland waren für England ein ernsthafter Konkurrent auf den Gebieten, in denen es Herr sein wollte. Die damalige englische Regierung war zudem wesentlich mit dem Innern beschäftigt; nur daß es Gewicht auf die Aufrechterhaltung der belgischen Neutralität legte, hat England zu verstehen gegeben. Seit den Revolutionskriegen, ja seit den Tagen der Königin Elisabeth ist jede europäische Großmacht, die die Kontinentalküste des Kanals besaß, Englands Feind gewesen. Das Haus Habsburg und Frankreich haben immer wieder um die südlichen Niederlande gekämpft, und England war immer der Verbündete des Schwächeren gegen den Stärkeren.

Überblickt man die Gesamtlage, so ist es klar: der diplomatische Vorteil liegt Ende Juni 1870 ganz auf der Seite Preußens. Bismarck hatte alles für eine vielleicht entscheidende politische Demütigung Frankreichs vorbereitet. Da erfolgte der französische Vorstoß, der fast das Verhältnis umgekehrt hätte. Es setzte eine Preßhetze in Frankreich gegen Preußen ein; Spanien wurde dabei nach Möglichkeit ausgeschaltet. Die französische Kammer nahm herausfordernde

Erklärungen des Ministeriums entgegen. Kaiser Napoleon wirkte in Spanien und direkt bei den Sigmaringern. Der französische Botschafter Benedetti verhandelte in Ems mit König Wilhelm, der auf Bismarcks Rat nur als Familienhaupt und nicht als Monarch bei der spanischen Angelegenheit beteiligt zu sein erklärte. Es ist das eine höchst charakteristische Unterscheidung der Bismarckischen Dialektik, die natürlich nur die Einsprache des Gegners erschweren und nicht die politische Krise lösen wollte. In der Sache selbst kam der König so weit entgegen, als überhaupt zu verlangen war. Und der Verzicht Karl Antons im Namen seines abwesenden Sohnes erfolgte sofort. Vom dynastischen Standpunkt aus war damit alles erledigt. Aber es kam nicht mehr auf die Fürsten, ihre Stimmungen, Wünsche und Chancen an. Die spanische Thronkandidatur war, wie wir sahen, als ein Faktor in den großen politischen Konflikt der beiden europäischen Mächtegruppen eingetreten. Der Sigmaringer konnte auf seinen Thron verzichten; Bismarck aber verzichtete noch nicht auf das, was diese Kandidatur für ihn und seinen Staat bedeutete. Er konnte und durfte nicht darauf verzichten. Und ebenso begnügte sich die französische Regierung nicht mit dieser einfachen Erledigung. Sie wollte ihren Sieg deutlich haben. Ihre Maßnahmen sind dann freilich so plump gewesen, daß Bismarck schnell den Vorteil zurückgewinnen konnte. Die französische Regierung machte den Versuch, den alten König Wilhelm, der ohne Minister in Ems seine Kur durchmachte, persönlich und in ihm seinen Staat zu demütigen.

Es wird das bekannte Ansinnen gestellt, sich bei dem Kaiser und der französischen Nation wegen der spanischen Thronkandidatur zu entschuldigen und zu erklären, daß er die Erneuerung der Kandidatur nicht erlauben würde. Es folgt das berühmte Gespräch zwischen dem König und dem französischen Botschafter auf der Kurpromenade. Der Monarch weist die Impertinenz der französischen Regierung ab. Bismarck, der in Varzin gewesen war, ist jetzt wieder in Berlin. Er hatte, als der Verzicht ausgesprochen wurde, die Folgerung ziehen und seinen Abschied nehmen wollen. Der neue Vorstoß Frankreichs gibt ihm neue Möglichkeit zu handeln. Es muß losgeschlagen werden, Moltke bezeugt als Sachverständiger, daß in der Verschleppung Gefahr liegt. Bismarck entschließt sich, die Lage zu klären. Er teilt das Geschehene der Öffentlichkeit in einem knappen, klaren Bericht mit, der berühmten Emser Depesche. Bismarck hat darin aus dem ihm vorliegenden Nachrichtenmaterial das gemacht, was er und Deutschland in diesem Augenblick brauchten. Das ganze Auf und Ab der Verhandlungen, die vielen mitschwingenden Möglichkeiten, das Fließende und Schwebende, das jedem Einzeldokument einer diplomatischen Geschäftsverhandlung anhaftet — alles dies konnte und wollte er nicht der Öffentlichkeit mitteilen. Er machte etwas Endgültiges. Es ist kleinlich und töricht, für diese staatsmännische Tat Bismarcks das Wort Fälschung zu gebrauchen. Das Falsche im höheren Sinn wäre die Wiedergabe des rein Tatsächlichen gewesen. Der geniale Staatsmann ist immer Redaktor weltgeschichtlicher Vorgänge: Bismarcks Formulierung mit der scharfen Unterstreichung der französischen Insolenz und der zugespitzten Zurückweisung durch den König entspricht der inneren Wahrheit der Dinge. Der Lenker eines großen Staates hat in seinem Handeln mit der Buchstabenkorrektheit eines Notars nichts zu tun. Wenn er redet und schreibt, so ist es in ihm der Staat selbst, der für sich und seine Lebensmöglichkeiten wirkt.

Die Wirkung der Emser Depesche war ungeheuer. Die ganze öffentliche Meinung nahm die gegebene Parole auf, und die vorhandene Spannung löste sich in einem Ausbruch des nationalen Wollens und der nationalen Kraft von wundervoller und unvergeßlicher Gewalt. Während man in Paris hin und her schwankte, während der Kaiser den Befehl zur Einberufung der Reserven gab und widerrief, während seine Friedenswünsche mit dem Willen der Kaiserin und der Kriegspartei rangen und über allen Handlungen der Fluch der Hast, der Leidenschaft und der inneren Unfertigkeit lag — da wickelten sich im Norddeutschen Bund alle notwendigen Maßregeln fest und klar, mit absoluter Pünktlichkeit im Kleinen und unerschütterlicher geistiger Konzentration im Großen ab. König Wilhelm war nach Berlin zurückgekehrt und befahl, auf dem Bahnhof angelangt, die Mobilmachung. Und da erfolgte das Große: alle süddeutschen Staaten schlossen sich dem Norddeutschen Bund rückhaltlos an. Hessen-Darmstadt war durch die Militärkonvention ja gebunden; Baden, das am exponiertesten war, machte gleichzeitig mit dem Norddeutschen Bund mobil. Württemberg, von seiner Regierung über die demokratische Befangenheit hinweggeleitet, und endlich Bayern, wo die Verhältnisse am schwierigsten lagen, folgten. In Bayern spaltete sich die ultramontane Mehrheit der Kammer, und der nationale Gedanke setzte sich durch.

Dieser Anschluß der Süddeutschen war für die Mitlebenden von damals das große, neue, tiefergreifende Erlebnis. In der Öffentlichkeit sind ja die militärischen Verabredungen zwischen dem Norddeutschen Bundespräsidium und den Süddeutschen unbekannt geblieben. Und nun war mit einem Schlage die deutsche Einheit, die Sehnsucht und der Schmerz der Revolution von 1848, etwas Wirkliches und Lebendiges geworden. An die Seite des neuen starken preußischen Staates stellten sich ritterlich und voll Vertrauen die Regierungen von Ländern, deren Eifersucht und Übelwollen gegenüber dem stärkeren Führerstaat das Leid von Generationen gewesen war.

Am 19. Juli überreichte der französische Geschäftsträger die offizielle Kriegserklärung. Preußen und mit ihm Deutschland war für die große Welt der angegriffene Teil, Frankreich der schnöde und frivole Friedensbrecher. Diese Überzeugung war die allgemeine, und sie ist, ihrem inneren Sinne nach, geschichtlich richtig. Deutschland befand sich in einer Kriegsposition von beneidenswerter Stärke: man dachte an Ludwig XIV. und Napoleon I. und sah in diesem letzten französischen Kaiser jetzt den hassenswerten Träger erbfeindlicher Machtgelüste. Zum letztenmal hat 1870 das deutsche Volk in den französischen Großmachtsbestrebungen eine Gefahr für seine nationale Würde erblicken müssen und hat sich, seiner jungen Einheit froh, mit aufflammender Begeisterung gegen den Feind gewandt.

Der Krieg begann; ich habe ihn hier nicht zu verfolgen. Er war auch für die Miterlebenden ein Triumphzug, klar und schlagend in seinem Verlauf: die Vernichtung der französischen Angriffsmacht, der Kampf um Paris, die Niederringung der Provinzen. Für uns kommt es darauf an, zu erfahren, was Bismarck in diesem Kriege war und tat.

Das Persönliche bricht jetzt mit einem Male wieder stark hervor. Der Staatsmann Bismarck ist für eine längere Zeit als je vorher und nachher, wenn nicht ausgeschaltet, so doch in den Hintergrund der Aktion gerückt. Für einen Mann von seiner Art war das nicht leicht zu ertragen. Der Soldat in ihm wird mächtig, und man spürt es in seinen Briefen, wie es in ihm brennt, daß das alles geschieht und daß er auch dabei sein will. Er war in der Landwehr nun zum General vorgerückt, und es gab Gelegenheiten, wo er diese Charge betonte. Er machte mit dem großen Hauptquartier, in nächster Fühlung mit dem König, den Feldzug mit. Seine „Leute" waren mit ihm, die helfenden Organe des Auswärtigen Amtes, unentbehrlich für die delikaten Dienste, besonders die Pressesachen, seine Tischgenossen und Kumpane, die hingebungsvollen Zuhörer und Überlieferer seiner funkelnden Gespräche, seiner schlagenden Anekdoten. So kommt denn Bismarck auch ins Feuer, er hungert mit und freut sich über warme Erbswurstsuppe und frische Eier, die er am Degenknauf zerschlägt, er liest Franktireurs die Leviten und kündigt ihnen an, daß sie gehenkt würden; er schreibt dem König die historische Siegesdepesche von Sedan. So erlebt er all das Gewaltige und Furchtbare, das Farbige und Lustige, das der Krieg bringt, das kühne männliche Leben von Schlachttag zu Schlachttag, Luxus und Ärmlichkeit des Quartiers im Feindesland — die ganze Fülle von Bildern, Stimmungen und Abenteuern. In den Briefen an die Gattin hat er das Mächtige und Ergreifende, das ihm diese Kriegstage gaben, meisterhaft geformt.

Er ist dabei und doch nicht dabei; er muß die Militärs arbeiten lassen, und er hat sogar, wie er sicher mit Recht behauptet, unter ihrer Eifersucht zu leiden. Vielleicht haben sie ihm wirklich absichtlich besonders schlechte Quartiere ausgesucht; sicher ist, daß er nicht zu den regelmäßigen Beratungen wie 1866 zugezogen wurde, und zwar, wie der König selbst sagte, weil Bismarck wiederholt zuerst und allein das Richtige getroffen und dadurch die Eifersucht der Militärs erweckt habe. Nun mag ja auch für die hohen Offiziere Bismarcks sehr persönliche und bewußte Art nicht immer behaglich und nicht immer willkommen gewesen sein: gewiß ist, daß Reibungen und Verstimmungen stattgefunden haben, die den Fortgang des Ganzen gelegentlich erschwerten.

Bei der Kapitulation von Sedan kam Bismarck wieder recht zu Wort. Als die Franzosen sich gegen die Bedingungen wehrten, sagte er ihnen mit harter Ehrlichkeit die Wahrheit: sie sind ein reizbares, neidisches, eifersüchtiges Volk, sie können nicht den Waffenruhm und die Erstarkung der Nachbarnation ertragen; dafür wollen wir ihren Dünkel züchtigen. Wir wollen für die Sicherheit unserer Kinder sorgen und ein Land zwischen uns und ihnen haben, mit Festung und Grenzen, die uns für immer sichern.

In diesen Worten liegt bereits, was sich Bismarck als Bedingung des Friedens mit Frankreich dachte. Schon nach den ersten Siegen waren die Wünsche der Nation laut vernehmbar geworden. Man wollte die alten deutschen Lande am Oberrhein zurückgewinnen, man wollte Kaiser und Reich. Dieses Doppelziel war als solches der Allgemeinheit klar, und nur über die Verwirklichung bestand Zweifel und Streit. Wie sicher führte das deutsche Volk damals nach den ersten Schlägen seinen Krieg zu Ende. Es war kein Existenzkampf; die Niederringung des schwächeren tapferen Gegners war nur eine Frage der Zeit, und der Eindruck des national geeinigten und militärisch so übermächtigen deutschen Volkstums in der großen Welt war so nachhaltig, daß sich das Eingreifen der Genossen der Napoleonischen Tripelallianz von selber verbot.

Die Reichsgründung und der Friedensschluß mit Frankreich — das sind die beiden großen, die Kampfesjahre abschließenden Leistungen Bismarcks, die er nebeneinander, das eine als die Voraussetzung des andern, vollbracht hat. In beiden Fragen hat er seine Auffassung der Ansicht maßgebender Autoritäten und der öffentlichen Meinung gegenüber in schweren Kämpfen durchgesetzt. Durch den Krieg und seinen Erfolg, durch die große Tatsache handelnder Einheit wurden die hochstehenden Kreise des deutschen Bürgertums zum überwiegenden Teil dem preußischen Staat gewonnen. Die Jünglinge von 1848 erfochten jetzt als gereifte Männer den Sieg über den äußeren Feind und über sich selbst. Aber freilich: wenn es jetzt galt, ein Reich zu gründen, so wußten die Liberalen und Nationalgesinnten nichts anderes als einen möglichst geschlossenen Einheitsstaat, in den sich zugleich mit dem führendem Preußentum alles Partikularistische einordnete. Man forderte in diesen Kreisen etwa ein Oberhaus, das so ziemlich die Mediatisierung des deutschen Fürstenwesens bedeutet hätte. Der Kronprinz von Preußen teilte die unitarischen Neigungen seiner liberalen Generation. Sie verbanden sich bei ihm mit einem ausgeprägten persönlichen und dynastischen Selbstgefühl, dem nun die Stunde gekommen zu sein schien, wenn nötig mit Gewalt ein starkes Reich um den Kernstaat Preußens zu schweißen, ein entschlossen deutsches, aber mit allen Machtmitteln des Preußentums beherrschtes Kaisertum Deutschland.

Wem die altpreußische Tradition wirklich etwas Hohes, etwas geschichtlich Notwendiges und Endgültiges war, dem konnte eine so gewalttätige politische Bildung wenig sympathisch sein. König Wilhelm und sein treuer Helfer Roon standen auf diesem Punkt, der eine mehr eigensinnig und ärgerlich, der andere mehr grimmig und grollend. Und ganz ähnlich, voll Mißtrauen und Abneigung gegen alles, was dem gesamtdeutschen Zug so entschieden genügen wollte, verhielten sich die partikularen Gewalten Süddeutschlands. Wie ungemein schwierig war die Stellung Bismarcks darüber und dazwischen! Er wollte fortentwickeln und schonen, nicht zerschlagen und neu bauen. Grundlage und Ausgangspunkt war für ihn die Organisation des Norddeutschen Bundes. Mit ihm sollten die süddeutschen Staaten in ein Verhältnis kommen, freiwillig und auch ohne den Anschein nur der Vergewaltigung. Baden war leicht zu haben; sein edler Großherzog arbeitete in selbstlos deutscher Gesinnung an der Reichsgründung mit, auch wenn nicht alles geschah, was seinen persönlichen Wünschen entsprach. Württemberg und ganz besonders Bayern waren schwierig. Bayern ist ja in dem nichtösterreichischen Deutschland neben Preußen das einzige Land gewesen, das ein inneres Recht auf eine eigene Politik, auf selbständige Machtkonzentration hatte. Es war jetzt die letzte Gelegenheit, solche Ansprüche geltend zu machen, und die alten Wünsche, die badische Pfalz zu gewinnen, kamen in Verbindung damit wieder zum Vorschein. Sicherlich war es ein politisch und geschichtlich gerechtfertigter Gedanke, wenn Bayern so die Verbindung mit seiner Rheinpfalz erstrebte, wenn es Baden durch den Elsaß entschädigt haben wollte und diesem ganzen süddeutschen Staatenkomplex als der süddeutsche Führerstaat vorzustehen beanspruchte. Wir Heutigen empfinden an dieser Lösung als besonders wertvoll die Garantien, die die süddeutsche Sonderart so in erhöhtem Maße erlangt hätte. Wie freilich der Süddeutsche Bund mit dem Norddeutschen Bund sich zu einem lebenskräftigen Reichskörper hätte verbinden lassen, das läßt sich schwer denken, und wenn man wählen und werten darf, so bedeutet die Bismarckische Lösung die der europäischen Geltung Gesamtdeutschlands besser dienende Form.

Bismarck, der preußische Staatsmann, der Schöpfer des Norddeutschen Bundes, mußte aus innerstem Trieb heraus einen Süddeutschen Bund unter Bayerns Führung ebenso lebhaft bekämpfen, wie er die Vergewaltigung der Süddeutschen durch die notorisch überlegene Militärmacht Preußens für unstatthaft hielt. Wo war der mittlere Weg? Wie konnte man Preußen erhalten, Bayern befriedigen, die Fürsten schonen, den Einheitsgedanken verwirklichen? Mit unendlicher Mühe, Sorgfalt und Kunst hat Bismarck mit den süddeutschen Diplomaten, mit den deutschen Volksvertretern, mit den Führern des deutschen Fürstenstandes, endlich mit seinem Könige und dem König von Bayern zusammengearbeitet. Er hat die eine Macht gegen die andere ausgespielt und dabei die allgemeinen Kräfte der Position ebenso in Rechnung gezogen wie die kleinen Gewichtigkeiten der persönlichen Eigenschaften. Er hat an die heiligen Gefühle der handelnden Personen appelliert, aber auch intrigante Manöver durch Briefe und Artikel nicht verschmäht. Und so ist ihm schließlich das Unmögliche gelungen, von jedem etwas und im Ganzen schließlich alles Gewünschte zu erreichen. Welche Feinheit der diplomatischen Berechnung gehörte dazu, den bayerischen König beim König von Preußen um die Kaiserkrone werben zu lassen! Und welche ermüdenden Kämpfe hat es zuletzt noch gekostet, bei dem verehrten alten König die Zustimmung zu der bedeutsamen Titulatur zu erlangen! Dieses Reich, das unter so unvergeßlichen Umständen im Spiegelsaal von Versailles ins Leben trat, befriedigte im Augenblick niemanden von den Nächstbeteiligten, und es wurde doch die politische Lebensform der nächsten Generation. Es war ganz das persönliche Werk Bismarcks: geschichtlich betrachtet eine Erweiterung des Norddeutschen Bundes; es war der Sieg des preußischen Staatsgedankens.

Und als Garantie dieses seines Reiches fügte Bismarck ihm die eroberten französischen Lande als Reichsland an. Diese neue Schöpfung war als solche, wie wir heute sagen müssen, sicher nicht glücklich. Um Preußens willen, um seiner Autorität willen im neuen Reich ist sie aber eine Notwendigkeit gewesen.

Uns allen ist der glorreiche Krieg und der Frankfurter Friede der machtvollste Eindruck unserer Jugend geworden. Die Taten und Bilder, die Kämpfe und Schicksale dieses Erfüllungsjahres haben mit ihrer wuchtigen und erhabenen Wirklichkeit die Märchen und Heldensagen unserer Kindheit verdrängt und unser Herz warm gemacht für die Größe dieser Tage und dieser Menschen. Gewaltig über allem ragt da immer wieder e r hervor, der diesen Frieden so gemacht hat, daß sich das deutsche Volk über vier Jahrzehnte seiner erfreuen konnte. Bismarck, der 55jährige Staatsmann, ist nie freier und glücklicher gewesen als bei diesen Verhandlungen mit Thiers und Favre. Er zieht mit überlegener Freude und Genugtuung die Summe seiner bisherigen staatsmännischen Arbeit. Er ist hart und elastisch, er sprüht von Sarkasmen und demütigt durch ritterliche Größe, er ist unerschöpflich in Feinheiten geschäftlicher Diskussion und voll stolzer Ruhe im Kampf um das, was seinem Staate und seinem Volke nötig ist.

So kehrt er heim, der Schöpfer des Friedens, des Reiches und des Kaisertums, jetzt selber Fürst: ein Führer der Menschen, vor dem sich die Nationen beugen. Er hat jahrhundertealte Zwiespälte des deutschen Lebens überbrückt, er hat die Rechte der Territorien mit den Forderungen der Nation versöhnt, er hat Bürgertum und Fürstentum vereinigt, er hat Einheitsidee und Freiheitsidee in seiner Art verwirklicht: sein Reich ist eines der größten Staatsmeisterwerke der neueren Geschichte.

Der Kampf mit den Parteien

Wir sind dem Lebensgang Bismarcks bis auf die Höhe gefolgt: der Landedelmann, der Parlamentarier, der Diplomat hat uns beschäftigt. Immer weiter wird sein Kreis, immer zahlreichere und mächtigere Kräfte des staatlichen Lebens treten in Beziehung zu dieser Persönlichkeit. Der Mann wächst in seine Zeit hinein. Die herrschenden Mächte dieser Zeit waren, so sahen wir, ihm durchaus entgegen: das Bürgertum, der Liberalismus, die großdeutsche Tradition, die französische Hegemonie in Europa. Bismarcks Entwicklung vollzieht sich ganz aus sich selbst; in der Tiefe seiner persönlichen Überlieferung, seiner geistigen Bildung, seiner menschlich-gewaltigen Kämpfe — da liegen die Voraussetzungen seines Wollens und seiner Tat. Dieser Einzelne wird Herr der Zeit; er formt sie nach sich, er zwingt sie, zu fühlen und zu denken wie er. Seine Lebensgeschichte wird Zeitgeschichte. Alles, was mit ihm und gegen ihn wirkt, wird zum Moment seiner Entwicklung, zum Inhalt seines Daseins: die Zeit wird seine Zeit.

Deutschland war wieder ein Reich und hatte wieder einen Kaiser. Diese durchaus neue staatliche Schöpfung trug alte historische Namen, die mit ihren Erinnerungen Forderungen stellten. Für die öffentliche Meinung und dem Ausland gegenüber lag in diesen Namen schon eine gewaltige politische Macht. Der neue Bundesstaat, der das Deutsche Reich war, fußte auf den Verträgen zwischen dem Norddeutschen Bund und den Südstaaten. Diese Verträge konstituierten den Bund; erst die Reichsverfassung, die die Verträge zum Teil wiederholt und sich an ihre Stelle setzt, konstituiert den Bund zum Staat. Ein Staat war also das Bismarckische Reich im Gegensatz zum Deutschen Bunde von 1815; ein Staat, dessen Gliedstaaten ihre Souveränität abgegeben hatten an das Ganze. Der Ersatz für diesen Verzicht war die Anteilnahme der Gliedstaaten an den Willensäußerungen des Reiches. Neben diesem bundesstaatlichen Gesamtleben gab es ein Gebiet, das reine Reichssache war: die Marine; die Kolonien traten dann hinzu. Und die süddeutschen Staaten behielten sich in Absonderung von dem bundesstaatlichen Gesamtleben eine Anzahl Partikularrechte vor, die sogenannten Reservatrechte. Bismarck ist in diesen Dingen, Fragen des Wirtschaftslebens und der äußeren staatlichen Hoheit, gerne entgegengekommen, und so ist besonders Bayern ein Reich im Reiche geworden; es wurde erfreulich entschädigt für manche Enttäuschung und manches Zuspätkommen.

Eine Bildung ohne Beispiel war dieses neue Deutsche Reich Bismarcks: Staaten, deren Fürsten einer Reichsgewalt untergeordnet waren, eine Bundesregierung, die nicht allen Gliedern gleich übergeordnet war, sondern von dem größten Glied Preußen geführt wurde, ein Bund, der den Namen nicht trug, sondern nur in seiner charakteristischsten Behörde, dem Bundesrat, aufzeigte; ein Reich, das einen Reichskanzler und einen Reichstag hatte und doch kein einheitliches Reich war, ein Staat, der nicht ein Staat war, sondern viele unter sich verschiedene, und der doch mehr bedeutete als eine Summe. Juristisch war dies Reich ungemein schwer zu erfassen. Historisch-politisch ist das Werk Bismarcks schon leichter zu verstehen: es war Großpreußen, verbunden mit mehr oder weniger geschwächten, mit mehr oder weniger geschonten Mittelstaaten.

Das neue Deutsche Reich begann sein Dasein in einer Zeit der Siegesfeste und des nationalen Triumphes. Der Enthusiasmus vereinfacht die menschlichen Dinge; er macht aus ungemein verwickelten, vieldeutigen und für den kritischen Forscher schwer erkennbaren geschichtlichen Zusammenhängen große einfach-gewaltige Schläge, die die Welt verwandeln. Ein solcher gewaltiger Schlag war die Errichtung des Reiches. Die Zeitgenossen wurden von einer unvergleichlich einheitlichen Stimmung beherrscht: der Schwung heroischer Selbstaufopferung, der Stolz auf die Tatkraft und den Lorbeer — alles das gab dem Namen Deutschland und Deutscher einen noch nie gehörten, mächtig hallenden Klang. Wie rührend waren die Kundgebungen der Ausgewanderten! Es war eine Zeit voll Glanz und Lust. Die ganze deutsche Geschichte schien nun erst einen großen Sinn bekommen zu haben; ein Deutscher sein war nun erst wirklich der höchste Grad des Menschseins geworden, nachdem sich zu der geistigen Tiefe die Größe des Handelns gefunden hatte. Und dieses ganze schwellende Vaterlandsgefühl warf sich auf die Helden der Zeit zu rührender Verherrlichung. Der greise Kaiser Wilhelm trug noch das Eiserne Kreuz von 1813; so weihte er jetzt seinem Vater das Denkmal, voll dankbarer Pietät; und zu Füßen von Stein, Scharnhorst und Gneisenau hielten leibhaft die Helden der Gegenwart Bismarck, Moltke, Roon.

Das war das blendende und ergreifende Bild; genug an Gegensätzen enthüllt sich dahinter dem Geschichtsschreiber. Kaiser Wilhelm hatte sich nur mit innerstem Widerstreben in das Bismarckische Reich gefügt. Wieviel bedeutete jetzt nach außen dieses ehrwürdige Haupt! Die große und aktive politische Leistung seines Lebens, die Armeereform, war zu einem der wichtigsten Momente der Erfüllung geworden. Mit seinem großen Diener sollte er nun noch eine über Erwarten lange Zeit an dem Ausbau des Reiches mitschaffen. Er tat es in seiner vornehmen und menschlich rührenden Art. Dem verwegenen und gewaltigen Kanzler gegenüber kam seine Schlichtheit und soldatische Einfachheit oft in Schwierigkeit und Kampf. Das Verhältnis der beiden ist dabei immer näher und vertrauter geworden. Sie wußten, daß sie vor dem Volk und vor der Zeit zueinander gehörten. Sie haben einander zu behandeln vermocht und sich durch Vertrauen und Hochschätzung geehrt. Die tiefe Dankbarkeit des alten Kaisers zu seinem Kanzler ist in ergreifenden Zeugnissen immer wieder zum Ausdruck gekommen. Und Bismarcks überlegene Kraft und Klugheit hat sich vor diesem vornehmen Hohenzollernritter, diesem fürstlichen Offizier in alter Vasallentreue gebeugt.

Das Verhältnis zu Kaiser Wilhelm wurde dem Fürsten Bismarck durch den Einfluß der Kaiserin Augusta erschwert. Die Kaiserin war eine hochbedeutende Frau, männlich klar an Verstand und in der Empfindung warm-beweglich. Das Weimarische ihrer Herkunft ist immer an ihr lebendig geblieben; sie war die Prinzessin aus dem geistigen Deutschland, die nach Preußen in eine Art Ausland kam. Die Tradition der klassischen Zeit wirkte in ihr, als etwas Notwendiges und Starkes, und der Gegensatz zu dem militärischen Gemahl war hier besonders deutlich. Augusta hat die Revolution von 1848 als Prinzessin von Preußen sehr tätig und mit ausgeprägter Willensrichtung mitgemacht. Sie gehört zu den Besiegten des Jahres: der freie Volksstaat, ein neues Preußen im deutschen Dienst, als dessen Herrscher sie sich ihren Sohn Friedrich dachte — das wurde nicht verwirklicht. Die sachlichen Gegensätze zwischen Bismarck und ihr waren danach groß genug: der politische Ehrgeiz der Kaiserin sah in Bismarck den übermächtigen, allzu erfolgreichen Gegner; sie haßte in ihm den Mann, der ihren Gemahl triumphierend beherrschte, und Bismarck hat diesen Haß mit einer für die Kaiserin schmeichelhaften Intensivität bis über das Grab hinaus erwidert.

Das Verhältnis Bismarcks zu dem Kronprinzen Friedrich verbesserte sich nach der Reichsgründung mehr und mehr. Während der Konfliktszeit war ja der Thronfolger der erklärte Gegner des Ministers gewesen, und er hatte ihm durch offene Opposition Gelegenheit gegeben zu demütigender Schonung. Bei den Verhandlungen zu Nikolsburg hatte dann der Kronprinz zwischen dem König und dem Minister vermittelt. Bei den Krisen in Versailles hatte er keineswegs auf seiten Bismarcks gestanden, war aber dann doch bereit gewesen, Mittelwege und Kompromisse zu befürworten. Kronprinz Friedrich war eine zu unselbständige und zu empfängliche Natur, als daß er sich der Wirkung der Bismarckischen Persönlichkeit und seines Werkes hätte entziehen können. Er hoffte zur Regierung zu kommen, und zwar bald; diese Erwartung entsprach den Hoffnungen breiter Schichten der Nation. Man dachte sich dann, und das mit innerem Recht, eine glückliche Ergänzung der scharfen und robusten Art des Reichskanzlers durch die mehr weiche und dem Geistigen zugewandte Richtung des Kronprinzen. Besonders im Innern hätte sich vieles glücklicher und leichter gefügt; es ist bis heute der Schmerz der Generation von 1830 und 1840, daß Kronprinz Friedrich und mit ihm sie selbst nicht zu Wort und Wirkung gekommen ist.

Die Schwierigkeiten zwischen dem Kronprinzen und Bismarck sind vielfach durch den Einfluß der Kronprinzessin vergrößert worden. Die Kronprinzessin Viktoria hat ihren Gemahl ebenso überragt wie Kaiserin Augusta den Kaiser. Sie war eine wärmere und genialischere Natur als ihre Schwiegermutter und hat deshalb den Gegensatz zu Bismarck noch unmittelbarer und lebhafter empfunden. Zwei Momente haben zur Verschärfung beigetragen: die Kronprinzessin empfand dem mächtigen Reichskanzler gegenüber als Frau ihres Mannes den Fluch des Wartens mit quälender Bitterkeit, und sie hörte nicht auf, sich in Berlin als Engländerin zu fühlen, englischen Geschmack und englische Staatsverhältnisse als ein höheres Muster zu propagieren. Sie hat dadurch das deutsche Nationalgefühl häufig schwer genug verletzt. Bismarck mußte in ihrem Wesen und Wirken eine unmittelbare Gefahr für sich und seine Arbeit sehen, und er hat daraus kein Hehl gemacht. Kein Wunder, daß bei der Größe alles dessen, was auf dem Spiele stand, die Intrige auf der einen und die unverhohlene Feindschaft auf der anderen Seite das Gefühl gleichmäßig verletzte und die Empfindungen zur Unversöhnlichkeit steigerte.

Unter solchen Umständen mußte also Fürst Bismarck arbeiten. Sein Genius entfaltete sich jetzt in seiner neuen Schöpfung, dem Reiche, ganz. Sein preußisches Machtgefühl wurde zu einem deutschen. Er trug das ganze Riesengebäude, mit seiner persönlichen Kraft. Nach seinen Maßen hatte er das Reichskanzleramt mit seinen universellen Befugnissen, seiner beherrschenden Stellung geschaffen. Der Bestgehaßte war er gewesen; er wurde zum Abgott der Nation. Sein elementares Selbstgefühl war so ganz unähnlich der dürftigen Eitelkeit der Kleinen. Er wußte, was er war. In Gleichgewicht und Harmonie war darum sein Wesen nicht. Es leuchtete auf, wenn Kampf war und es heiß herging. Wie früher konnte er ruhig heitere Stunden mit den Seinigen verleben. Seine Frau war sein Glück, und die Kinder waren seine Freude; die Söhne hatten den Krieg tapfer mitgemacht und wuchsen zur Mitarbeiterschaft heran. Unbefriedigt und voller Unruhe war Fürst Bismarck bei alledem stets; ein im Innern tief leidender und kämpfender Mensch, von der Verantwortung der Arbeit, von alter und neuer Feindschaft und von der eigenen haßdurstigen Seele gleich gequält. Körperliche Krisen erschwerten ihm alles. Wie häufig hat er sich in den großen Jahren des Kampfes zusammengerafft, um die ganze Kraft in einem entscheidenden Augenblick zum siegreichen Vorstoß einzusetzen. So war eine gefährliche Explosivität in ihm; wehe dem Gegner, der ihn reizte, wehe auch dem Mitarbeiter, der unsicher und ungeschickt war! Wenn seine Leidenschaft aufflammte, dann verzehrte sie.

Fürst Bismarck stand jetzt so gewaltig da, daß ihn alles berührte; er war Deutschland selbst, sein Bewahrer und Hüter; er wollte das sein nach seiner Art, und er steigerte dieses Machtgefühl zur Hybris. Was ihm entgegenstand, das sah er an als Bosheit und als Infamie; er versuchte es niederzustampfen, ohne Wunsch und Fähigkeit, zu verstehen und zu vermitteln. So fügte es sich, daß er, der Sieger, auf seiner Höhe zum erstenmal scheiterte an überpersönlichen geistigen Mächten, daß er neuen Entwicklungen des Volkslebens ohnmächtig gegenüberstand. Auch *sein* Zauber, auch *seine* Mittel versagten; er glich jetzt wirklich, wie Roon gesagt hat, dem Prometheus, der nicht ungestraft den Menschen das Feuer der Götter geholt hat; er wird an den Felsen geschmiedet. Das gerade erhebt ihn aber auch über seine Zeit hinaus, in ein Reines, Unbedingtes; es macht ihn zum Schicksalsgenossen der großen Führer der Menschen.

Wie stellte sich Bismarck zu den neuen Parteien, die jetzt im Reich entstanden? Die große Tatsache ist diese: Bismarck begann mit dem liberalen Bürgertum gemeinsam zu arbeiten.

Wie wir sahen, vollzog sich seit dem Jahre 1866 eine bedeutsame Umbildung im Liberalismus. Der alte Gegensatz von dogmatischem und historischem Liberalismus zerbrach die preußische Fortschrittspartei. Ein Teil von ihr konstituierte sich in dem Abgeordnetenhaus von 1866 als neue Fraktion der nationalen Partei. In dem Reichstag des Norddeutschen Bundes von 1867 erweiterte sich diese Richtung zur nationalliberalen Partei; Rudolf von Bennigsen wurde ihr Vorsitzender. Er hat der neuen Partei mehr als die äußere Richtung, auch etwas von seinem Geist und Wesen gegeben. Er ist der Nichtpreuße, der Nichtjunker; bei ihm und den Seinigen war von Anfang an ausgeprägt der Gegensatz zu der brüsken und provozierenden preußischen Art. Die neue Partei wollte die auswärtige Politik der Regierung unterstützen. Sie bejahte also den militärischen Staat mit seinen Großmachtsinteressen, den die echte alte Demokratie immer abgelehnt hatte. Im Innern aber wollte die nationalliberale Partei die Pflichten einer wachsamen und loyalen Opposition erfüllen. Sie verneinte also die Autokratie und die Bureaukratie. Alle bürgerlichen, deutsch und freiheitlich zugleich gesinnten Elemente der neuen Provinzen fielen dem Nationalliberalismus zu. Und die Reichsgründung brachte ihm einen neuen gewaltigen Aufschwung. Wer nur immer das Reich und die Einheit ersehnt hatte, die alten Gothaer, die Nationalvereinler, die Veteranen von 1848, sie konnten sich hier friedlich und glücklich in dem Glauben zusammenfinden, daß ihre Wünsche erfüllt wären. Sie waren viel unitarischer als Bismarck: sie forderten ein verantwortliches Reichsministerium, Diäten für die Reichstagsabgeordneten u. a., sie waren weltlich, konstitutionell, freihändlerisch, dabei patriotisch bis zum Nationalismus. Keine Partei ist vielleicht für das Verhältnis des Deutschen zur Politik so bezeichnend wie diese nationalliberale. Sie war die Partei der Parteilosen von Anfang an, die Partei der Unparteiischen auch in einem höheren Sinn — derjenigen, die durch ihre Geistigkeit hinausgehoben waren über einen beschränkten Parteistandpunkt und die deshalb die Gegensätze zu einer idealen Einheit verschmelzen wollten: aufgeklärt, human, patriotisch zugleich, doktrinär und gelehrt, fern von all der praktisch naiven Derbheit der Extreme, die allein im politischen Leben auf die Dauer etwas bedeutet. Es war also gewiß eine sehr wichtige und charakteristische Parteibildung, sympathisch durch das persönliche Gewicht ihrer

Mitglieder, nützlich durch den Einfluß, den sie belehrend, erklärend, helfend auf alle Schichten ausübte, eine gute Waffe in einer starken Hand, aber als Gesamtheit schließlich doch nicht massiv genug zu nachhaltiger und selbständiger Aktivität.

Die geschlagene und sehr zusammengeschmolzene Fortschrittspartei bestand unentwegt und prinzipienfroh im Reichstage fort. Es war jetzt billig, die schönen Glaubenssätze der Demokratie zu verachten und zu verspotten. Desto treuer und tapferer hielten die alten Vorkämpfer daran fest. Sie bekämpften nach wie vor Militarismus und Bureaukratismus; sie verlangten auch nach dem Siege der Armee Herabsetzung der Ausgaben, Verminderung des Bestandes; sie erstrebten den Parlamentarismus als ein objektiv bestes Ziel der Staatenentwicklung und bekannten sich mit dem herkömmlichen unerschütterlichen Eigensinn zu den Theorien der englischen Freihändlerschule. An die norddeutsche Fortschrittspartei lehnte sich die süddeutsche Volkspartei an, die Demokratie, Partikularismus und ererbte Preußenfeindschaft in urwüchsiger und wirksamer Weise verband.

Von rechts her standen neben der nationalliberalen Partei zunächst die Freikonservativen, die Reichspartei. Auch sie stammt aus der Zeit der großen Krisis von 1866. Es wäre sehr falsch, zu sagen, Bismarck hätte als Konservativer gehandelt oder die Konservativen wären Bismarckisch gewesen. Sein großes Einigungswerk hat Bismarck gegen die Konservativen so gut wie gegen die Fortschrittler durchgeführt. Er selbst ist ja vom naiven Konservativismus des Landjunkers ausgegangen, und er hat die Phasen poetischer und historisch-gelehrter konservativer Staatsanschauung durchgemacht. Über all das Enge, was konservativem Denken immer anhaftet, ist er dann mächtig hinausgewachsen und hat durch seine revolutionäre Unbefangenheit die früheren Freunde schwer verletzt. Das Indemnitätsgesetz von 1866 riß die alte konservative Partei auseinander. Eine Gruppe von Abgeordneten unter der Führung des Prinzen Karl Hohenlohe trennte sich ab und nahm den Namen der Freikonservativen an; in dem Norddeutschen Reichstag von 1867 nannte sie sich zuerst Deutsche Reichspartei. Der leitende Gedanke dieser neuen Bildung war, sich im Bismarckischen Sinne auf den Boden der Verfassung zu stellen. Die freikonservative Partei ist also ihrem Ursprung nach eine Bismarckische Partei und ist es immer geblieben; ihre Entstehung war für die Altkonservativen eine deutliche Lehre, und darin besteht ihre große historische Bedeutung. Die Freikonservativen waren immer die klassische Regierungspartei, die Partei der Botschafter, Oberpräsidenten und schlesischen Fürsten.

Die Altkonservativen haben ihren preußischen Partikularismus noch lange Zeit nach der Reichsgründung bewahrt. Leopold von Gerlach fand die Untaten von 1866 tief unsittlich; die Kreuzzeitung pflegte vom Nationalitätenschwindel zu sprechen und leitete das Laster des Patriotismus vom Pantheismus ab. Es ist schwer sich heute vorzustellen, wie die ganze Bismarckische Reichsgründung die Zeitgenossen revolutionär und napoleonisch anmutete. Unter national verstanden die Konservativen nach wie vor preußisch-national; was darüber hinaus ging, war ihnen unbehaglich und widerwärtig. Nur mit Hilfe der Nationalliberalen konnte Bismarck das Reich ausgestalten; die Konservativen wehrten sich gegen alles Zentralistische. Die ganze Reichsgesetzgebung bekämpften sie als schädlich für die Rechtsgewohnheiten der Einzelstaaten und für die Fortentwicklung der partikularen Besonderheiten. Die Kreuzzeitung war es auch, die während des Kulturkampfes in den berüchtigten Äraartikeln den infamsten Angriff auf Bismarck wagte. Die große innere Umwandlung, die seit der Mitte der siebziger Jahre deutlich wird, kam dann der konservativen Partei zu Hilfe, hat sie mit dem Reich versöhnt und neu befestigt.

Die bisher betrachteten Parteien im neuen Reich orientieren sich an dem Gegensatz von liberaler und konservativer Weltanschauung. Die übrigen Parteien beruhen auf einer prinzipiellen Stellungnahme zum Problem der Nationalität. Da sind zuerst die vier nationalen Protestparteien, die Dänen, Welfen, die Polen und die Elsaß-Lothringer — Vertreter von Gruppen also, die prinzipiell die preußische bzw. die deutsche Reichshoheit nicht anerkennen wollten und von diesem sehr einfachen Standpunkt aus Opposition machten. Von ganz anderem Gewicht war die Opposition der beiden Parteien, die ihre Richtungslinie von übernationalen, geistigen Mächten empfingen und so in Konflikt mit dem Bismarckischen Reichsgedanken kamen: das Zentrum und die Sozialdemokratie.

Die ältere Geschichtsschreibung pflegte die Ursprünge des Kulturkampfes wie eine böswillige Verschwörung deutschfeindlicher Elemente darzustellen. Bemühen wir uns, das Fremdartige in dem politischen Wollen der neuen Weltkirche als eine große geistige Macht zu würdigen.

Der moderne Klerikalismus ist eine internationale Erscheinung. Vor der großen Französischen Revolution hat die katholische Kirche in jedem der alten absolutistischen Staaten des europäischen Kontinentes als ein wohlprivilegierter aristokratischer Stand gewurzelt, der gewissermaßen das öffentliche Organ für die Fragen der Jenseitigkeit war. Diese Kirche war aristokratisch und bodenständig; die Kirchenfürsten waren Brüder und Vettern der weltlichen Herren, die Domherren waren Barone des Landes. Die Revolution zerschmetterte diese alte Kirche. Sie wurde entrechtet und verfolgt; ihre Güter wurden säkularisiert, ihre Einrichtungen zerstört, ihr ganzer Wirkungskreis vernichtet. Aus ihrem Innern, aus ihrem Geistigen heraus, kraft ihrer ideellen Macht über die Gläubigen nahm sie einen neuen Aufschwung. Eine neue Epoche der Kirche begann: sie wurde römisch, universalistisch, demokratisch. Sie löste sich ab aus allen lokalen und nationalen Gebundenheiten und nahm die gewaltigen Ideen mittelalterlicher Päpste wieder auf: sie wurde ultramontan. Die Päpste bekämpften wieder als souveräne Herrscher der Gläubigen den Unglauben in alter und neuer Gestalt, wie er im Protestantismus begonnen hatte, sich in der Aufklärung fortentwickelte und sich nun im Liberalismus vollenden wollte. Mit dieser autoritativen Richtung der neuen Kirche arbeitete aber eine romantisch-poetische zusammen, die die elementaren religiösen Instinkte durch Kunst und Mystik weckte und pflegte. Und endlich bildete sich eine bürgerlich-politische Richtung heraus, die an die volkstümlichen Bedürfnisse und Gewohnheiten anknüpfte, die geistige Bildung und wirtschaftliche Organisation in ihrem Interesse verlangte. So konnte 1848 in Deutschland die Kirche die alten Gewalten mit befehden. Auch ihr Gesicht war nach vorn gerichtet: auch sie war liberal, denn sie forderte Freiheit vom Staat und Freiheit im Staat. Die Frage der nationalen Gestaltung stellte freilich die Katholiken auf die Seite der Großdeutschen: es war eine natürliche und notwendige Verbindung, der deutsche Rhein und Rom, München und Habsburg. Kleindeutsch und protestantisch wurde als eine Einheit bekämpft. Welch ein Schlag für diesen Klerikalismus war nun das Ergebnis von 1866! Bischof Ketteler schrieb an den Kaiser von Österreich, ein Deutschland ohne Österreich, ohne das kaiserliche Haus sei kein Deutschland mehr. Und die Zeitungen des Nationalvereins jubelten, bei Königgrätz sei der Papismus von der Reformation geschlagen worden.

Der neue Katholizismus war an der Arbeit. Pius IX. wurde der Restaurator der Weltkirche, verdammte die Heterodoxie und verkündigte neue Dogmen. Es wurde eine beispiellose geistige Hierarchie aufgerichtet, jenseits des modernen Rechtes, des modernen Staates, der modernen Moral, eine Zusammenfassung sozialer und politischer, kultureller und religiöser Kräfte, eine Vereinigung von mittelalterlicher Seelenbindung mit neuzeitlicher Massenherrschaft: einheitlich, logisch bewußt, straff, gehorsamheischend — in der Formung ganz weltlich, menschlich, realistisch; im Geist durchglüht von jener primitiven Transzendenz, die das Gemüt der vielen erobert.

Indessen bereitete sich in Deutschland alles für eine große Parteibildung vor. Es fanden jährliche Katholikenversammlungen statt; katholische Gesellenvereine wurden gegründet, Ketteler versuchte das arme Volk zu organisieren und so durch die christliche Caritas eine Umwandlung der Wirtschaftsordnung herbeizuführen. 1852 gab es schon eine katholische Gruppe im preußischen Abgeordnetenhause, die sich seit 1859 Zentrum nannte. Während der Konfliktszeit wurde die klerikale Fraktion im Winter 1863/64 neu begründet. Das Programm von damals stellt schon die bezeichnende Vereinigung konservativer und liberaler Ideen dar im Interesse des neurömischen Geistes.

Der Kulturkampf bereitet sich vor. Die Gründung des Deutschen Reiches und das Vatikanische Konzil sind die beiden großen Zeitereignisse, aus denen der Konflikt entsteht. Zwei Antinomien charakterisieren ihn: innerhalb der Kirche kämpft gegen die römische Richtung die nationaldeutsche; noch einmal taucht der Gedanke einer deutschen Nationalkirche wieder auf. Und der liberale Nationalstaat Bismarcks versucht seinerseits den Kampf gegen die Bestrebungen der neuen Weltkirche.

Als Pius IX. das Vatikanische Konzil berief, da erließ 1869 Fürst Hohenlohe als bayrischer Ministerpräsident ein Rundschreiben an die Regierungen, durch das er sie auf das Konzil aufmerksam machte. Ein formeller Grund dafür lag schon darin, daß möglicherweise die Regierungen zu dem Konzil eingeladen werden konnten, wie dies auf dem Tridentinum geschehen war. Vor allem aber kam es Hohenlohe darauf an, auf die Möglichkeit eines Konfliktes zwischen Staat und Kirche beizeiten hinzuweisen. Er hat auch schon Gutachten von theologischen und juristischen Fakultäten eingefordert. Dank der politischen Isolation Bayerns fand Hohenlohes Rundschreiben nirgends Widerhall. Bismarck war in ganz anderen Zusammenhängen drin; als ein nordostdeutscher Protestant waren ihm diese Dinge und ihre Bedeutung an sich wenig vertraut. Für seinen Gesichtspunkt der Machtstellung Deutschlands in Europa konnte das Vatikanische Konzil sogar dadurch wertvoll werden, daß es Napoleon und Viktor Emanuel in Verlegenheit brachte. Die Ereignisse gingen ihren Gang. Das Dogma von der Unfehlbarkeit des Papstes wurde verkündigt, die Schlacht bei Sedan wurde geschlagen, die weltliche Herrschaft des Papstes wurde vernichtet, und Rom wurde die Hauptstadt des Königreichs Italien.

Damals richtete die neue katholische Partei eine Adresse an König Wilhelm, worin er aufgefordert wurde, dem Papst zur Wiederherstellung seiner weltlichen Gewalt zu verhelfen. Im neuen Reich konstituierte sich die ultramontane Partei und nahm den alten Namen „Zentrum" wieder auf. Die verschiedensten Elemente fanden sich hier zusammen: konservative Aristokraten aus Bayern und dem Rheinland, Priester und Akademiker, Männer der praktischen Arbeit als Vertreter der breiteren Massen: Großdeutsche, Partikularisten, gute Bürger. Diesem bunten Bild gab den einheitlichen Zug allein die Feindschaft gegen Preußen, gegen den Protestantismus, gegen Bismarck. Es handelte sich um eine Partei, die keinem bestimmten sozialen Stand entsprach, sondern gebildet war durch etwas Überstaatliches, etwas Übergesellschaftliches: die Weltanschauung des Ultramontanismus, der neuen vom absoluten Papsttum beherrschten Weltkirche; eine Partei, die deshalb alles sein konnte, wenn sie wollte — reaktionär und demokratisch, staatserhaltend und fortschrittlich, nationalstaatlich und humanitär, diesseitig-praktisch-politisch und jenseitig-geistig-überweltlich; eine Partei, die dabei doch immer sie selbst blieb, ein Fremdkörper im modernen Staat, gebildet aus seinen Staatsbürgern, ein Generalausschuß gewissermaßen aus Parlament und Volk und deshalb eine gewaltige Macht, die dieser Staat nicht vernichten konnte, die er schwerlich zum ganz ehrlichen Bundesgenossen und kaum zum offenen Feind haben durfte.

Auch die letzte und entschiedenste Bekämpferin Bismarcks und seiner Reichsgründung, die sozialdemokratische Partei, wurzelt in übernationalen geistigen und wirtschaftlichen Entwicklungen. Ihre Forderungen stellten gedanklich eine Vereinigung von demokratischen und sozialistischen Elementen dar. Es handelte sich um Dogmen wirtschaftlicher, politischer und religiöser Natur, deren Summe eine ganz neue und eigenartige Kulturauffassung bedeutete und als solche von einem großen Teil der unteren Volksschichten geglaubt und zu politischen Zwecken verwandt wurde.

Auf die allgemeinen Voraussetzungen der Entstehung eines vierten Standes in Deutschland kann ich nicht eingehen. Das Wesentliche ist: die materiellen Bedingungen des politischen Lebens haben sich umgestaltet, ein vollständig verändertes Kulturbild ist hervorgebracht worden. Die ganze unerhörte Beherrschung der Natur und des Lebens durch Wissenschaft und Technik hat den menschlichen Verkehr, die menschliche Arbeit, die menschliche Kleidung und Nahrung vervollkommnet, beschleunigt, intensiviert, erleichtert, verbilligt, typisch und allgemein gemacht. Nur so sind Existenz und Unterhalt der abnorm zunehmenden Bevölkerung Europas ermöglicht worden. Handel und Industrie werden die notwendigen Versorger der Massen; in ihnen wirkt das Kapital als eine überpersönliche, bewegliche, alles beeinflussende Macht. Die seit 1850 kolossal vermehrte Edelmetallproduktion erzeugt eine Expansion des Kredits über alle Länder, Klassen und Nahrungszweige. Der Sieg von 1870 mit seiner Milliardeneroberung ließ besonders in Deutschland das Unternehmertum ins Maßlose und Schwindelhafte anwachsen. Es war nun auch bei uns eine Arbeit von neuem Tempo und Charakter entstanden; der Geist dieser Arbeit war mechanisch, unbarmherzig, rastlos, er überwand physische Kräfte und irdische Bedingungen, er schuf neue Bedürfnisse, neue Qualitäten, neue Menschen.

In Frankreich und England sind die ersten Versuche gemacht worden, von dem Standpunkt dieses neuen Menschentums aus die Gesellschaft und das Bestehende zu kritisieren. Es wurden schon damals sowohl die allgemeinen Bedingungen des Kapitalismus, Privatrecht, Erbrecht, Familie, verneint, als auch der bestehende Arbeitsvertrag als ein Mittel der Bereicherung des Kapitalisten angegriffen und das Recht auf den vollen Arbeitsertrag proklamiert. Den praktisch-revolutionären Zug bekamen diese sozialistischen Ideen der Zeit vor 1848 erst durch den Kommunismus, der auf Babeufs Bestrebungen in der großen Französischen Revolution zurückgeht und in den dreißiger Jahren von einem überlebenden Genossen erneuert wurde: eine sehr primitive und massive Lehre, die Abschaffung des Eigentums forderte und auf eine allgemeine gewaltsame Sozialumwälzung hinarbeitete.

Es sind zwei Deutsche gewesen, die in bewunderungswürdiger gemeinsamer Arbeit alle diese überlieferten Elemente der Gesellschaftskritik zusammenfaßten, ihnen eine tiefe philosophische und historische Grundlage gaben und so die klassischen Lehrer und Führer der modernen sozialdemokratischen Parteien geworden sind: Karl Marx und Friedrich Engels. Schon für die Revolution von 1848 haben sie den Kampf gegen die Bourgeoisie gepredigt. In den sechziger Jahren gründete dann Karl Marx die Internationale Arbeiterassoziation als eine überstaatliche, den bestehenden Staat verneinende Genossenschaft, deren Tendenz gemäß den wissenschaftlichen Dogmen des „Kapitals" auf Verwandlung des Privateigentums an Produktionsmitteln in Kollektiveigentum, auf Abschaffung der stehenden Heere, auf Umbildung der vorhandenen gesellschaftlichen Zustände ging. Diese erste Internationale hat sich 1876 aufgelöst. Sie ging zugrunde an persönlichen Zwistigkeiten, aber auch an der inneren Unmöglichkeit einer praktisch-wirksamen internationalen Organisation des vierten Standes.

Der große Begründer einer nationalen sozialistischen Partei in Deutschland war Ferdinand Lassalle. Er kam in den sechziger Jahren zur rechten Zeit, um der werdenden deutschen Arbeiterschaft den gewaltigen Gedanken zuzurufen: bildet eine eigene politische Partei, unabhängig von den bürgerlichen Parteien zur Eroberung der politischen Macht; entrinnt dem ehernen Lohngesetz, kraft dessen ihr nie mehr erwerben dürftet als das Existenzminimum; begründet Produktivgenossenschaften mit Hilfe des Staates und erringt euch diese Staatshilfe durch das allgemeine Wahlrecht. Diese Zusammenfassung überlieferter Gedanken zur politischen Tat großen Stils war Lassalles persönlichstes Werk — das Werk eines umfassenden Geistes, eines raffinierten Kopfes und eines blendenden Redners. Er war ein geborener Führer mit aller unbefangenen Kraft, durchglüht von einem Wollen, das dem vierten Stande und durch ihn dem Deutschtum den Weg zu neuen Ufern wies. 1863 gründete er auf dem Leipziger Kongreß den Allgemeinen Deutschen Arbeiterverein; er stand an der Spitze der straffen Verwaltung, als Präsident auf fünf Jahre: er war eine Macht und war bereit zu wirken. Mit der Fortschrittspartei hat seine neue Arbeiterpartei den Kampf geführt, und so hat er sich mit Bismarck begegnet. Lassalle ist einer der ganz wenigen Ebenbürtigen gewesen, mit denen Bismarck in Berührung gekommen ist. Es war hier viel Gemeinsames, es gab hier eine Menge Möglichkeiten. Lassalles Staatsgefühl und cäsarischer Sinn, sein Verständnis für Macht und seine geistige Schöpferkraft hätten für die zukünftige deutsche Entwicklung und für das Wirken Bismarcks entscheidende Momente werden können. 1864 fiel Lassalle im Duell; und die Peinlichkeit dieses Endes half mit zerstören, was ihn von seinem Werke hätte überleben können.

In Sachsen entstand eine neue sozialdemokratische Gruppe, die den Lassalleschen Nationalismus bekämpfte und den internationalen Marxismus annahm. Es war bezeichnend genug, daß in dem kleinen partikularistisch engen Staate der Internationalismus mehr Nahrung fand als in dem eben in der Bildung begriffenen mächtigen Großpreußen. Liebknecht war hier die treibende Kraft; er gewann den Drechsler August Bebel, den Unteroffiziersohn und eifrigen Demokraten, für den Marxismus und mit ihm einen großen Teil der sächsischen Arbeiterbildungsvereine. 1869 konstituierte sich die neue Partei auf dem Eisenacher Kongreß. Das Programm war eine Popularisierung der Marxistischen Lehre: es forderte die Errichtung eines freien Volksstaates, die Abschaffung der Klassenherrschaft und des Lohnsystems, und als unmittelbare praktische Maßregeln: allgemeines Wahlrecht, Diäten, direkte Gesetzgebung durch das Volk, Aufhebung aller Vorrechte, Volkswehr, Trennung von Kirche und Staat, von Schule und Kirche, Beschränkung der Arbeitszeit, Einschränkung der Frauenarbeit, Verbot der Kinderarbeit, Einführung einer direkten Einkommen- und Erbschaftssteuer, Staatskredit für freie Produktivgenossenschaften.

So also trat die deutsche sozialdemokratische Partei in das Bismarckische Reich ein: gespalten in zwei Gruppen, Lassalleaner und Marxisten, unter sich feindlich genug, der Bourgeoisie gegenüber eine sich mehr und mehr zusammenschließende Macht. Die allgemeine Wirtschaftsentwicklung nach der Reichsgründung konnte das sozialistische Element nur stärken. Die deutsche Volkswirtschaft war schon lange reif zum Vollkapitalismus und war nur durch die Kriege und die innerpolitischen Konflikte niedergehalten worden. Jetzt waren mit einem Male alle Kräfte losgebunden. Die fünf Milliarden waren mehr als das dreifache Jahresbudget aller deutschen Staaten zusammengenommen! Der Goldstrom durchflutete den ganzen neuen nationalen Körper. Fabriken, Bergwerke, Hütten, Eisenbahnen wurden gegründet; das arbeitende Reich vollzog triumphierend seinen Einzug in die Reihe der großen produktiven Mächte. Alles war hoch gespannt, alles überstürzte sich, es war ein Taumel und eine Raserei. Das Fieberhafte und Schwindelhafte war äußerlich im Leben der Reichshauptstadt Berlin besonders spürbar. Als dann der Krach kam, wurden die massenhaft entlassenen Arbeiter geradezu in die Sozialdemokratie hineingetrieben. Der empörende Leichtsinn der Gründerzeit gab der Parteiagitation einen ungemein wirksamen moralischen Rückhalt. Die sozialistische Propaganda wurde bitter, aufreizend und unversöhnlich. Die hungernde Armut fühlte den Klassenkampf.

Dazu kam die Verfolgung durch die preußische Regierung. Bebel und Liebknecht wurden wegen Hochverrats auf die Festung geschickt, ihre Vereine aufgelöst. Die sozialdemokratische Bewegung wurde dadurch nur verstärkt. Die beiden feindlichen Parteien, die Lassalleaner und Marxisten, fanden sich jetzt ganz zusammen. 1875 entstand die neue einheitliche „Sozialistische Arbeiterpartei Deutschlands". Das Gothaer Programm enthält eine kunstvolle Kombination Marxistischer Grundgedanken und Lassallescher Formeln. Die Organisation war im Gegensatz zu dem monarchischen Zentralismus Lassalles locker und föderativ.

Es war die erste einheitlich organisierte sozialdemokratische Partei in einem Großstaat; das Ereignis war von der größten geschichtlichen Bedeutung. Für das Bürgertum, für den gebildeten Liberalismus war dieser Angriff von unten die Sorge und das Problem. Führende Gelehrte erforschten die Bedingungen dieser Neubildung und erwiesen dem doktrinären wirtschaftlichen Individualismus gegenüber ihre Notwendigkeit. Sie mußten sich den Spottnamen Kathedersozialisten gefallen lassen; ihr Einfluß wurde bedeutend. Von Männern dieser Kreise wurde 1872 der Verein für Sozialpolitik gegründet, der es sich zur Aufgabe machte, die Not und den Kampf der unteren Volksschichten durch Staatshilfe zu lindern und ihre Organisationsversuche zu beeinflussen und zu leiten.

Das sind also die Mächte, mit denen Bismarck beim Ausbau des Reiches zu rechnen hatte. Es waren persönliche Gegner, lässige, schwierige, übereifrige Anhänger; es waren prinzipielle Feinde des Deutschtums und des Reichsgedankens, es waren endlich diese neuen überstarken geistigen Mächte des Klerikalismus und des Sozialismus.

Bismarck hat in dem ersten Jahrzehnt des Reichs mit der nationalliberalen Partei zusammengearbeitet und mit ihr den Ausbau des Reiches weit geführt. Der Reichsgedanke überwog damals unbedingt. Persönlich waren wohl die Fürsten dem neuen Kaiser gegenüber zurückhaltend; eine Zusammenkunft der deutschen Fürsten in Berlin 1872 kam nicht zustande. Aber es bedeutete für die Gesamtheit wirklich wenig, daß der eine oder der andere der Herren intransigent blieb. Die überwiegende Mehrzahl fügte sich mit Takt; es erwies sich politisch als höchst nützlich, daß so viele an dem großen Krieg teilgenommen hatten und nun als Generale der siegreichen Armee in dem Kaiser den Oberstkommandierenden zu sehen gewohnt waren. Und so hat die Verwendung fürstlicher Offiziere auch weiterhin wohltätig gegen partikulare Neigungen gewirkt. Am delikatesten blieb immer die Stellung Bayerns. Wie klug lenkte Bismarck den ungeschäftlichen König Ludwig II. durch die Briefe, die er bei den wichtigsten Etappen der Politik an ihn richtete. Es sind Meisterwerke der Bismarckischen Staatskunst — durchaus wahr und erschöpfend, aber in der Darstellung ungemein fein auf die persönlichen Empfindungen des Empfängers abgestimmt.

Die drei ersten Reichstage von 1871, 1874 und 1877 stehen am höchsten unter den parlamentarischen Versammlungen, die das neue Reich gesehen hat. Welch eine Fülle von Charakterköpfen: Bismarcks Onkel, der brave, ehrliche Hausvater Kleist-Retzow, der pommerischste aller Junker, gläubig, tüchtig, beschränkt aufs Eigene und im Hergebrachten; Moritz Blanckenburg, Bismarcks Jugendfreund, warm und gemütvoll, ein altpreußischer Romantiker; Bennigsen, der Vornehme, Kühle, Stolze, zu rein für Alltagspolitik, spitz und fein in der hannöverschen Art, im Innern zart und voll hoher Empfindung; Lasker, der andere nationalliberale Führer, ein Fanatiker der Logik, voll Selbstvertrauen und Schärfe, ein ethisch prononzierter Freigeist, aber nicht ohne Eitelkeit; dann der welfische Minister Ludwig Windthorst, dem nun die gläubige Überzeugungstreue und die bürgerliche Geste so gut stand, gewandt in der Debatte, noch von der Advokatenzeit her nie um ein billiges wohlklingendes Wort verlegen, glatt, scharfsinnig und sarkastisch; Eugen Richter, der Großmeister der liberalen Redensart, der mit eigensinniger Hingabe die Rolle des ewig Verneinenden spielte, der ganz persönlich Bismarck aufs Korn nahm und mit seiner lebhaften, flüssigen, zugespitzten Rede so maßlos reizte, der Meister spöttischer Nörgelei, subjektiv ehrlich zweifellos, und recht gefährlich, weil er Bescheid wußte; endlich der tüchtige August Bebel, keine tief veranlagte Natur wie Lassalle, keine überragende Intelligenz, sondern vielmehr ein praktisch gewissenhafter Mann, der mit Inbrunst an die sozialistischen Dogmen glaubte, so wie es der einfache Mann tut, dem etwas Geistiges strahlend aufgegangen ist, dabei ein Redner von unmittelbar packender Gewalt, dröhnend im Pathos, der Masse verständlich, eine rechte deutsche Idealistennatur, hingerissen von Zukunftsgesichten und deshalb fähig, Gleichgeartete hinzureißen, ein rechter Vertreter der braven Solidität des älteren Handwerks.

Und allen diesen gegenüber der Führer am Ministertisch: Bismarck der Parlamentarier, Bismarck der Redner. Das Wort ist ihm nicht leicht plätschernd von den Lippen geflossen in den billigen Wendungen, die von einer Versammlung in die andere, von einem Artikel in den anderen weitergereicht werden. Er war auch keiner von den pathetischen Predigern, deren Feierlichkeit, Würde und Begeisterung eintönig von der Tribüne dröhnt. Bismarck rang um das Wort; seine Sätze wurden geboren. Der Hörer konnte zunächst Angst haben bei diesem körperlich mühsamen Suchen um das oratorische Gelingen. Er merkte aber bald, was diese schwere, stockende, starke Sprache bedeutete. Es stand ein Mensch dahinter, der alles von vorn und von sich aus anfing, der seinem Denken und Wollen eine Form schmiedete nach dem Bilde seines ewig kämpfenden Ich. Bismarck sprach scharfsinnig und anschaulich, ironisch und polemisch. Er lehrte nicht und er redete keine Abhandlungen. Er wenmisch. Er lehrte nicht, und er redete keine Abhandlungen. Er wengefühl der Menschen. Aus dem Rohstoff der Sprache prägt er so seine überraschenden Worte; wir wissen von ihm, was Imponderabilien sind, und daß er der bestgehaßte Deutsche war. Sein bildlicher Ausdruck ist von einer Schlagkraft, die ans Innere rührt. Wer könnte die kühne Versicherung vergessen, daß die königliche Regierung nicht über juristische Zwirnsfäden stolperte, und das große Wort von Deutschland, das, in den Sattel gesetzt, schon reiten würde? Bismarck ist ein Meister im Zitieren. Bei der Erörterung der Erwerbung Lauenburgs führt er das Gespräch der beiden Brüder Eduard und Richard aus Heinrich VI., III. Teil, an, um den Gegensatz von Reich und Herzogtum zu erweisen. Der alternde Bismarck wird als Redner immer mehr der heftige, gekränkte, nervöse Verteidiger seines Werkes und seiner Pläne, gegen die Übelwollenden, gegen die Kritikaster, die ihn mit Nadelstichen peinigten. Es war deutlich, daß er für den Redekampf im Grunde nicht gemacht war: dieser Starke unter den Menschen verachtete Schwäche und Feigheit aus dem Innersten, und das Wort kluger Angreifer war für sein Empfinden nicht Tat genug. Schon äußerlich war er immer im Parlamentssaal bei Gehröcken und Brillengläsern ein fremder Gast: der gigantische schwere Leib in der Uniform, darauf der kleine Kopf, rund und kräftig, der Mund vom breiten Schnurrbart beschattet, die Nase derb, zwei Herrscheraugen, die glänzten und bohrten.

Welchen Grad von politischem Einfluß hatte nun der Reichstag? Seine Existenz als solche wirkte stark und dauernd im unitarischen Sinne. Er lenkte die Augen auf Berlin, er beschäftigte in jedem Mecklenburger und Württemberger den Deutschen. So wirkte er wie eine Garantie einer volkstümlichen Entwicklung; aber in Wirklichkeit war er nur das große Schwungrad der Reichsmaschine. Das kleinere stärkere Triebrad arbeitete geheimnisvoll, unkontrollierbar durch die Öffentlichkeit, diplomatisch; es ist der Bundesrat, in dessen Innerem sich die hartnäckigsten und bedeutendsten Kämpfe um die Reichswohlfahrt abgespielt haben. Der

Bundesrat war in dem neuen Reich zugleich Oberhaus und Monarch. Die verbündeten Regierungen hatten durch ihn als ihr Organ eine zweifellose Überlegenheit über die Volksvertretung. Und der Reichskanzler Bismarck stand nun an dem einzigen Punkt, von dem aus Kaiser, Bundesrat und Reichstag gleichzeitig in Bewegung zu setzen sind.

So versteht es sich, daß Bismarck ein ganz anderes Verhältnis zu den politischen Parteien haben mußte als etwa der Minister eines parlamentarisch regierten Staates. Seine Stellung hing nicht von einer dauernden Mehrheit ab; es lag also gar nicht in seinem Interesse, eine solche zu schaffen. Er blieb viel unabhängiger, wenn er von Fall zu Fall regierte, wenn er sich mit der Partei verbündete, die für die elementarsten Reichsbedürfnisse, Geld und Soldaten, ihre Stimmen am billigsten hergab. Die ephemeren Koalitionsmehrheiten, eine höchst bezeichnende Erscheinung unserer inneren Politik, sind also von Anfang im Verhältnis der maßgebenden Reichsorgane zueinander begründet.

Die Armeefrage ließ zuerst den inneren Gegensatz zwischen Bismarck und den Nationalliberalen hervortreten. Bismarck wünschte eine Bewilligung der Friedensstärke von 1% der Bevölkerung ein für allemal; der Reichstag wollte sich nicht ein so wirksames Machtmittel, wie es das Heeresbudget war, aus der Hand reißen lassen. Man kam schließlich zu einer Verständigung, dem Septennat, der Reichstag bewilligte die Präsenzstärke auf sieben Jahre. Schon 1873 war das Militärstrafgesetzbuch von Bismarck durchgesetzt worden. Die französische Kriegsentschädigung diente auch zur Begründung der Reichsmarine. 1875 fand das erste Flottenmanöver statt. Es schloß sich daran, zum Teil unter großen Schwierigkeiten, die Schaffung der Finanzeinheit und der Rechtseinheit; die Markwährung wurde eingeführt, die Reichsbank begründet, das Reichsgericht in Leipzig geschaffen.

Auch eine Anzahl von Reichsämtern entstand. Bismarck hatte es als preußischer Ministerpräsident oft mißlich empfunden, daß die Ministerien einander gleichgeordnet waren und der Ministerpräsident infolgedessen gezwungen war, die Kollegen von seinem Willen zu überzeugen. Die Staatssekretariate, die jetzt allmählich entstanden, für das Auswärtige, für den Schatz, für die Post — sind nichts als Bureaus der einheitlichen Reichskanzlei. Bismarck blieb als Reichskanzler der Vorgesetzte. Ein Reichsministerium, wie es von liberaler Seite immer wieder gefordert wurde, lehnte er ab. Ein Staatssekretariat des Krieges ist nicht begründet worden. Der Reichsbeamte für das Kriegswesen ist faktisch der preußische Kriegsminister. Alle diese Reformen zum Reichsausbau hat Bismarck mit der nationalliberalen Partei und gegen das Zentrum gemacht.

Der Gegensatz zwischen der Regierung und dieser Partei kam zuerst bei der Altkatholikenfrage zutage. Die Altkatholikenbewegung knüpfte unmittelbar an das Vatikanische Konzil an. Eine Anzahl Universitätsprofessoren und Religionslehrer weigerte sich, das Dogma von der Unfehlbarkeit anzuerkennen; der Bedeutendste unter ihnen, der geistige Führer war der Münchner Kirchenrechtslehrer Ignaz v. Döllinger. Die deutschen Bischöfe traten dieser Bewegung des gelehrten Katholizismus scharf im Sinne der neuen päpstlichen Omnipotenz entgegen. Die renitenten Priester und Dozenten wurden exkommuniziert, die Lehrtätigkeit wurde ihnen verboten, und die preußische Regierung wurde aufgefordert, sie abzusetzen. Da das nicht geschah, richteten die Bischöfe im September 1871 kollektiv eine Protestadresse an den Kaiser. Der Kampf im kleinen begann überall; von den Kanzeln wurde gegen die Altkatholiken und die Regierung agitiert, die Kinder der Altkatholiken wurden vom Klerus kraft seines Aufsichtsrechtes aus den Elementarschulen ausgeschlossen, die Eheschließungen zwischen Altkatholiken wurden verweigert. Bismarck nahm im Verein mit den Nationalliberalen den Kampf auf: er erfüllte die alten liberalen Forderungen — die Zivilehe und die staatliche Aufsicht über die Elementarschulen wurden eingeführt. Falk, der geistvolle Jurist, wurde sein Gehilfe als Kultusminister. — Die Gegensätze wuchsen ins Große. Die moderne katholische Kirche gab sich als die beleidigte, die in überkommenen Rechten gekränkte Macht. Preußen, der Kernstaat des neuen Reichs, stolz auf den Sieg und die junge Einheit, fühlte sich von einer fremden, undeutschen, schwer erkennbaren Kraft gelähmt. Wie Bismarck, der Protestant, empfanden viele: sie hofften auf eine deutsche nationale Kirche und waren voll Mißtrauen gegen alles, was römisch, jesuitisch, päpstlich war. Sie belebten und vereinfachten den gegenwärtigen komplizierten Gegensatz durch historische Erinnerungen: dem neuen

Kaiser trat nun natürlich anspruchsvoll und machtlüstern der Papst entgegen. Wieder mußte der Ruf erklingen: Hie Welf — hie Waiblingen!

Man darf sagen, die historischen Perspektiven haben die protestantischen Verfechter der Staatshoheit des neuen Reiches nur geschwächt. Das Vatikanum war eine Tatsache und kein Problem mehr. Die ganze Frage war falsch gestellt, wenn man sie von seiten des Staates kirchlich-religiös faßte — von seiten eines Staates, der doch paritätisch war!

Es begann ein Kampf, der von beiden Seiten großartig und mit aller Macht geführt wurde. Als die Bischöfe gegen das Gesetz über die Elementarschulen protestierten, versuchte Bismarck direkt mit der Kurie zu verhandeln. Aber der Papst lehnte den Kardinal Hohenlohe, der ein Gegner des Unfehlbarkeitsdogmas gewesen war, als Gesandten ab. Damals sprach Bismarck im Reichstag sein großes Wort: „Nach Canossa gehen wir nicht. . ." Pius IX. hielt eine Allokution, die über die Kirchenverfolgung in Deutschland Klage führte. Bismarck brachte im Reichstag ein Gesetz durch, das die Jesuiten und verwandte Orden aus dem Reich auswies. Der Papst klagte wieder über Verfolgung; da hob Bismarck die Gesandtschaft am Vatikan auf. Das war der offene Bruch. Der Klerus nahm allgemein Partei für den Papst; die Regierung behandelte ihn dafür als staatsgefährlich. Die preußische Bureaukratie ließ ihren langaufgespeicherten Grimm gegen die Geistlichkeit aus; ultramontan wurde gleichbedeutend mit Reichsfeind. Die Bischöfe wurden verfolgt, die Temporalien wurden beschlagnahmt, es wurden Absetzungen und Verurteilungen vorgenommen. Durch die sogenannten Maigesetze hatte sich Bismarck für dieses Vorgehen die Bahn geebnet. In den drei aufeinanderfolgenden Jahren 1873, 1874, 1875 wurden sie erlassen. Sie bedeuteten einen tiefen Eingriff in das kirchliche Leben. Da wurden dem Gebrauch der kirchlichen Straf- und Zuchtmittel Grenzen gezogen. Die Strafen sollten sich nur auf Vergehen religiöser Natur beziehen dürfen und rein kirchlichen Charakter tragen. Die Bekleidung kirchlicher Ämter sollte, abgesehen von den geistlichen Prüfungen, von einem sogenannten Kulturexamen abhängig gemacht werden — in Geschichte, Literatur, Philosophie und klassischen Sprachen. Die Disziplinierung von deutschen Geistlichen sollte nur durch deutsche

Staatsbürger ausgeübt werden; als oberste Instanz sollte eine neue Behörde fungieren, der kirchliche Gerichtshof.

Die Maigesetze, die in gleicher Weise auch für die evangelische Kirche galten, wurden ordnungsgemäß vom preußischen Abgeordnetenhaus und Herrenhaus angenommen. Der Klerus betrachtete die Maigesetze als nicht vorhanden. Der Papst schrieb an den Kaiser, er hoffe, daß diese Gesetze, die den Katholizismus zerstörten, nicht gebilligt würden. „Ich spreche mit Freimut," hieß es darin, „denn die Wahrheit ist mein Panier, und jeder, der die Taufe empfangen hat, gehört in irgendeiner Art dem Papste an." Bismarck entwarf die Antwort Kaiser Wilhelms: „Zum Panier der Wahrheit bekenne ich mich rückhaltlos; sie und die Religion Jesu Christi haben mit den Umtrieben eines Teiles meiner katholischen Untertanen nichts zu tun. Ihrer Äußerung, daß jeder Getaufte dem Papst angehört, muß ich widersprechen. Der evangelische Glaube, zu dem ich mich gleich meinen Vorfahren und der Mehrheit meiner Untertanen bekenne, gestattet uns nicht, in dem Verhältnis zu Gott einen anderen Vermittler als unseren Herrn Jesum Christum anzunehmen."

Der Kampf dehnte sich auf die anderen Bundesstaaten aus. Er war auch geistig gewachsen, er war ein Streit um die gesamte Weltanschauung, um die Kultur. Virchow prägte das Wort Kulturkampf. Die Orthodoxie aller Art wurde im Namen der geistigen Freiheit, der Wissenschaft, der Natur angegriffen. Von katholischer Seite blieb man nichts schuldig. Der Haß konzentrierte sich besonders auf die Person Bismarcks. Schorlemer-Alst nannte den Fürsten die einzige katilinarische Existenz im Reich, und der Böttchergeselle Kullmann schoß ihn in Kissingen an — wegen der Kirchengesetze, wie er gestand. Eine Enzyklika des Papstes vom Februar 1875 erklärte alle neuen Kirchengesetze für ungültig. Da griff die preußische Regierung zum äußersten Mittel. Das sogenannte Sperrgesetz wurde gegeben; alle staatlichen Leistungen an die katholische Kirche wurden eingestellt. Die kirchlichen Paragraphen der Verfassung wurden aufgehoben, die Orden suspendiert. Die gerichtlich verfolgten Pfarrer wurden an bestimmten Orten interniert oder ausgewiesen; die Gemeinden erhielten das Recht, sich selbst neue Pfarrer zu wählen. Keine machte davon Gebrauch. Die katholische Bevölkerung stellte sich unbedingt auf die Seite der verfolgten Kirche. Trauer, Zorn, Fanatismus wuchsen an. Man fühlte sich fremd im neuen Reich, entrechtet, ausgestoßen; unbedingte und leidenschaftliche Opposition mit Erweckung aller religiösen Instinkte war die Losung. Alle Katholiken waren jetzt an die Zentrumspartei gekettet. Und wirklich herrschte ein trauriger Zustand. 1400 Pfarreien waren verwaist, die meisten Bistümer unbesetzt; die Seelsorge stockte. Man erzählte traurige Geschichten von Sterbenden, die vergebens nach der letzten Ölung verlangt hätten. Die Hetzkapläne zogen von Ort zu Ort.

In einer seiner großen Kulturkampfsreden verfolgte Bismarck den Gegensatz zwischen Staat und Kirche durch die Jahrhunderte. Seit dem Trojanischen Krieg, sagte er, haben die Priester mit den Königen um die Macht gerungen; Agamemnon wehrte sich in Aulis gegen den Heuchler Kalchas, und dieser Widerstand kostete ihn die Tochter. Die Päpste halfen das alte Kaisertum in Deutschland vernichten; der letzte Vertreter des erlauchten schwäbischen Kaiserstammes starb unter dem Beile des französischen Eroberers, des Verbündeten des Papstes, und hätten die Franzosen 1870 ihren Eroberungskrieg gegen Deutschland erfolgreich geführt, so hätten sie der Sache des absoluten Papsttums zum Sieg verholfen; und wieder hätte man reden können von gesta dei per Francos. Das ist echte Kulturkampfstimmung. Was bedeutete jetzt noch die dogmatisch-staatsrechtliche Frage von 1870? Es war etwas entstanden, das wirklich aussah wie ein Religionskrieg. Weltanschauungen rangen miteinander. Bismarck und die nationalliberale Partei machten den Versuch, mit staatlichen Machtmitteln die Weltanschauung durchzusetzen, die ihnen als die moderne und notwendige galt. Sie verkannten dabei vollkommen die gewaltige geistige Herrschaftsgewalt des Gegners. Waren solche Mittel, die einen Kriegszustand, eine Verödung, eine Verwilderung herbeiführten, wirklich noch des großen geistigen und freiheitlichen Zieles würdig?

Bismarcks Mittel sind an sich bedenklich gewesen; ihr Mißerfolg machte sie zu politischen Fehlern. Er hatte wirklich geglaubt, man könne ein Menschenalter lang die durch die Maigesetze geschaffenen Zustände ertragen, und dann sei die Kirche mürbe. Später hat der Kanzler die Übertreibungen als Juristenwerk von sich abgeschoben. Aber den Furor protestanticus hat er doch mit ausgelöst. Gewiß hat Bismarck einiges als dauernde Einrichtung, einiges als reines Kampfmittel gewollt. Persönlich maßgebend war er an allem beteiligt. Seine Wucht, seine Leidenschaft, sein persönlicher Haß haben erst den Konflikt so scharf gemacht, wie er wurde. Der Irrtum war deshalb auch der seine. Vielleicht wirkte bei Bismarck noch der Sieg über die Fortschrittspartei nach; vor einem Jahrzehnt hatte er sie niedergeworfen und gedemütigt. Mit dem Anspruch und der Gewaltsamkeit von damals begegnete er dem Zentrum. Und hier fand er zum ersten Male seine Grenzen.

Der Umschwung in der Wirtschaftspolitik, der uns später beschäftigen wird, ließ es Bismarck neben allem anderen notwendig erscheinen, mit dem Zentrum in ein erträgliches Verhältnis zu kommen. Der Tod Pius' IX. erleichterte das Formale des Überganges. Unterstützt durch die glatte Klugheit Leos XIII. trat Bismarck den Rückzug an, den er vortrefflich zu maskieren wußte. Die Entlassung Falks bedeutete den Umschwung. Ein Schritt nach dem andern wurde zurückgemacht, ein Gesetz nach dem andern fiel. Von den Neuschöpfungen sind schließlich nur der Zivilpersonenstand, das Schulaufsichtsgesetz und das Jesuitengesetz geblieben.

Der Klerus triumphierte; es war fraglos ein Sieg der Zentrumspartei. Der Erfolg schloß sie noch enger zusammen. Der neue Katholizismus richtete sich nun behaglich ein im neuen Reich. Und die andere Seite? Die freie und fröhliche Stimmung der ersten Jahre war dem liberalen Bürgertum vergiftet. Das schöne mutige protestantische und das modern-staatliche Bewußtsein, die beide so innerlich und geschichtlich zusammengehörten, hatte einen Bruch bekommen. Die Wissenschaft zog sich auf sich selbst zurück; die evangelische Rechtgläubigkeit erhob sich gegen die so siegreiche katholische, die Freigeisterei wurde ätzender und bitterer. Der Nationalliberalismus hatte einen Stoß ins Innerste bekommen.

Das waren geistige Wandlungen; die großen drängenden Fragen des wirtschaftlichen Lebens entschieden die Umkehr der inneren Politik Bismarcks. Das Reich war als Wirtschaftskörper bisher ungemein locker gefügt. Das Zollsystem kam dem Freihandel nahe, die Reichsausgaben wurden, soweit die Zolleinnahmen nicht ausreichten, durch Matrikularbeiträge der Einzelstaaten gedeckt. Von jeder Einmischung in die Beziehungen zu den Arbeitern und Arbeitgebern hielt sich der Staat frei. Freihandel, Freizügigkeit, Gewerbefreiheit sind die markanten Züge der damaligen deutschen Volkswirtschaft. In den Kreisen des liberalen Bürgertums selbst machte sich nun eine neue Interessenbildung geltend. Die aufstrebende Industrie hatte es unendlich schwer, mit den hereinströmenden englischen Manufakturen und französischen Luxusartikeln zu konkurrieren. Die Eisenindustrie war es vor allem, die litt. Auch in der Landwirtschaft vollzog sich eine Modernisierung, die zu neuen Forderungen Anlaß gab. Die Grundausnutzung wurde verbessert, der ganze Betrieb rationalisierte und intensivierte sich. Auch der Großgrundbesitzer mußte daran denken, seinen Besitz und seine Arbeit in Tempo und Leistung der Gesamtproduktion der Staatswirtschaft anzugleichen. Und da stieß er auf eine gewaltige Einfuhr von Getreide und Vieh, die die landwirtschaftliche Unternehmung der Gefahr aussetzte, zu stocken, irrentabel zu werden; und als das Ende drohte die Verwandlung in Weideland und Parks.

Für Bismarck war das Entscheidende aber nicht die Forderung von Interessentengruppen, sondern die Machtidee des Reiches. Er mußte auch das Innere und die Wirtschaft in seine starke Hand nehmen, um so dem Gesamtkörper ein gesundes und hoffnungsvolles Dasein zu sichern. Die ganze liberalisierende Gesetzesproduktion kam ihm im Grunde fade vor; er „langweilte" sich dabei und wollte sich zurück- und vorwärtsfinden zu einem härteren und kräftigeren Regiment. Für ihn war der Kampf um die Wirtschaftspolitik ein Kampf um den Reichsgedanken: das Reich mußte eine selbständige produktive Arbeitsgemeinschaft werden; es mußte deshalb einen richtig balancierten Haushalt haben und nicht angewiesen sein auf den guten Willen der Einzelstaaten. Es galt viel mehr als eine Neuregelung von steuer- oder zolltechnischen Angelegenheiten. 1877 hatte der Reichsetat ein starkes Defizit. Bismarck beantragte eine Erhöhung der indirekten Steuern und Zölle auf Genußmittel wie Tabak und Bier. Auch die Schaffung von Reichseisenbahnen und die Monopolisierung des Tabaks faßte er schon ins Auge. Der konservative Gedanke wurde lebendig, die Idee vom wirtschaftlich und sozial schöpferischen Königtum, im Geist des Merkantilismus und Absolutismus, den die Geschichtsforschung dieser Jahre so verständlich zu machen wußte: alles das wirkte zusammen.

Bismarck machte den Versuch, die neuen Ziele mit seinen bisherigen Verbündeten zu erreichen. Er bot Bennigsen das freigewordene Ministerium des Innern an. Weihnachten 1877 verhandelten sie in Varzin. Es waren Schicksalsstunden für das Reich. Bennigsen schien für einen Augenblick die Zukunft in der Hand zu haben; er hat es nicht gewagt, sich rückhaltlos und allein an Bismarck hinzugeben. Er zeigte, daß er mehr Haupt seiner Partei und durch seine Partei etwas war als ein auf sich selbst stehender schöpferischer Staatsmann. Es gab genug Beispiele dafür, wie schnell Bismarck Minister verbrauchte. Bennigsen mußte sich sagen, daß ihm dasselbe Schicksal bevorstand, wenn er sich nicht Garantien schaffte. Und so stellte er, durchaus im Sinne seiner Partei und seiner bisherigen Wirksamkeit, die Forderung, Forckenbeck und Stauffenberg, seine Parteifreunde, sollten gleichfalls in das preußische Ministerium eintreten. Es war klar, worauf das hinauslief. Der Nationalliberalismus wäre Regierungspartei geworden, er hätte den konstitutionellen Gedanken auch im Reich verwirklichen wollen. Bismarcks Wesen und Wünschen war das durchaus entgegen. Der alte Kaiser zudem hätte sich niemals damit befreunden können, weder mit der allgemeinen Richtung noch mit den Personen, die in Frage kamen. War doch der Hannoveraner Bennigsen, der so schnell Preuße geworden war, seinem dynastischen Empfinden unsympathisch. Und nun gar Forckenbeck, ein Fortschrittler aus der Konfliktszeit! Bismarck betrat jetzt unbekümmert und entschieden die neue Bahn. Im Frühjahr 1877 hatte er zweimal sein Entlassungsgesuch eingereicht. Der persönliche Konflikt mit dem Marineminister Stosch, den er los sein wollte, war dafür nur ein Anlaß. Der innere Sinn war, daß er einen Umschwung wollte und dafür Sicherheit und Klärung brauchte. Kaiser Wilhelm hatte auf das zweite Gesuch das berühmte „Niemals" geschrieben. Bismarck war auf unbestimmte Zeit in Urlaub gegangen. Und da in der Einsamkeit des Landes dachte und stritt er die Bewegung der Zeit, die Antriebe der Umgebung, die widerstrebenden Kräfte in gewaltiger Erregung durch. Nach zehn Monaten kam er zurück mit einem neuen umfassenden Programm. Er befestigte seine persönliche und amtliche Stellung; er suchte eine neue Mehrheit.

Der Gegensatz zur Sozialdemokratie trat als letztes Moment des

Umschwunges hinzu und brachte die Entscheidung. Bei den Wahlen von 1874 hatte die sozialdemokratische Partei schon 340 000 Stimmen erhalten. In Sachsen, in Thüringen, in Berlin wuchs sie mächtig an. Ihre großzügige Organisation wirkte mächtig auf die öffentliche Meinung. Jung, ungezügelt und durch diese Erfolge keck geworden, erfreute sich die Partei daran, das Bürgertum durch ihre revolutionären Drohungen, durch ihre Beschimpfungen des nationalen Geistes und der nationalen Taten zu erschrecken und zu reizen. Dieser, gelinde gesagt, geschmacklose, in vielen Fällen gemeine und rohe Ton hat es den führenden Persönlichkeiten schwer gemacht, den dahinterstehenden gewaltigen Freiheits- und Selbständigkeitsdrang des neuen Standes zu erkennen und zu würdigen. Bismarck hat die starken positiven politischen Kräfte, die hier lagen, nicht benutzt; er hat sie sicher nach Lage der Dinge nicht benutzen können, gebunden wie er war an Kaiser, Hof und konservative Tendenzen. In ihm selbst, ganz persönlich, erweckte auch die proletarische Bewegung den Mann des Staates, den Mann der Autorität und der Nation, den Gutsherrn, den Offizier, den Edelmann. Und so wandte er sich gegen sie als Feind und als Verfolger. Auch hier wirkte der Sieg über die Fortschrittspartei verhängnisvoll nach. Er war zu selbstherrlich und zu vornehm, er war zu groß und zu allein, um parlamentarische Parteien als Gegner hoch zu schätzen. In dieser Stimmung hatte er den Kampf gegen das Zentrum begonnen; und so begann er jetzt den Kampf gegen die Sozialdemokratie.

Schon früher hatte er durch Gesetze gegen die Parteipresse wirken wollen. 1874, 1876 verweigerte ihm die nationalliberale Mehrheit die Zustimmung. Die Neuwahlen von 1877 brachten der Sozialdemokratie 480 000 Stimmen. Da, 1878 kamen die beiden Attentate auf den alten Kaiser. Hödel schoß auf Wilhelm mit dem Revolver und fehlte ihn; Nobiling benutzte ein mit Rehposten geladenes Jagdgewehr und brachte dem Greis über 30 Wunden bei. Es waren zwei proletarische Typen: Hödel ein heruntergekommener Handwerksgeselle, Doktor Nobiling ein deklassierter Intellektueller.

Als Bismarck von dem erfolgreichen Attentat Nobilings erfuhr, war sein erstes Wort: Jetzt können wir den Reichstag auflösen. Das neue Parlament von 1878 hatte ein völlig verändertes Gesicht. Die Linke, die Nationalliberalen eingerechnet, verlor 43 Vertreter zugunsten der Konservativen, der Reichspartei und des Zentrums. Der Umschwung nach rechts war vollzogen. Das Bündnis mit den Nationalliberalen war gebrochen. Bismarck fühlte sich von den fremdartigen Bundesgenossen befreit und bekämpfte sie jetzt rücksichtslos. Das erste, was Bismarck von dem neuen Reichstag erlangte, war das Sozialistengesetz. Er warf der Partei im Reichstag vor, daß sie nichts Positives vorzuschlagen wüßte, aber alle Ideale vernichtete und alle gefährlichen Instinkte der Massen weckte. Das Gesetz richtete sich, wie es hieß, gegen die gemeingefährlichen Bestrebungen der Sozialdemokratie. Es verbot alle Vereine, Versammlungen und Druckschriften, die den Umsturz der bestehenden Staats- und Gesellschaftsordnung bezweckten oder in denen sozialistische Tendenzen in einer den öffentlichen Frieden, insbesondere die Eintracht der Bevölkerungsklassen gefährdenden Weise zutage träten. Die Polizei erhielt das Recht, sozialistische Druckschriften zu beschlagnahmen und sozialistische Versammlungen zu verbieten und aufzulösen. Die Regierungen der Bundesstaaten erhielten das Recht, über jede gefährdete Stadt während eines Jahres den Belagerungszustand zu verhängen.

Dieses Gesetz hat die offizielle Organisation der Sozialdemokratie, ihre Vereine und ihre Presse vernichtet. Bis 1890 — so lange blieb das Sozialistengesetz in Geltung — wurden 1400 Druckschriften beschlagnahmt, 900 Personen ausgewiesen, 1500 zu Gefängnis verurteilt. Es war eine Vergewaltigung; und es war nur natürlich, daß die Bewegung als solche nicht erdrückt werden konnte. In Gesangvereinen, Rauchklubs und dergleichen bestanden die Organisationen ruhig fort; geheime Flugblätter besorgten die Agitation, die Parteitage wurden im Ausland abgehalten, der „Sozialdemokrat", das Parteiorgan, wurde in Zürich gedruckt und überall verbreitet. Wie die Maigesetze schuf das Sozialistengesetz Märtyrer und stärkte nur das Geistige der Organisation, gegen die es gerichtet war. Bis dahin hatte das deutsche innerpolitische Leben seine Basis in dem mittleren Bürgertum gehabt. Von jetzt an charakterisierte es sich immer mehr durch den zunehmenden Gegensatz von rechts und links, von oben und unten, von reich und arm.

Der Reichstag von 1878 bot nun auch die erwünschte Mehrheit

für Bismarcks neue Wirtschaftspolitik. Es bildete sich aus Mitgliedern der konservativen Parteien und des Zentrums eine sogenannte wirtschaftliche Gruppe; und unter dieser Maske stimmten zuerst Mitglieder des Zentrums für die Regierung.

Sein ganzes gewaltiges Wirtschaftsprogramm hat Bismarck nicht durchführen können. Es kam eine Reihe von Kompromissen. Der Schutzzoll wurde eingeführt mit der Parole: „Schutz der nationalen Arbeit." Es gab Steuern auf Tabak, Petroleum, Kaffee; aber es wurde dem Gesetz die sogenannte Frankensteinsche Klausel eingefügt, wonach der Betrag, der über 130 Millionen Mark ginge, den einzelnen Staaten überwiesen werden sollte. Das Ideal eines selbständigen Reichsbudgets wurde also nur beschränkt verwirklicht. Die Getreidezölle wurden damals nur mäßig erhöht. Roheisen, Petroleum, Vieheinfuhr, Tabak wurden belastet. Im Anschluß an den Zolltarif erzwang Bismarck den Eintritt von Hamburg und Bremen in den Zollverein. Das Tabaksmonopol, um das sich der Wahlkampf von 1881 hauptsächlich drehte, hat Bismarck nicht durchzusetzen vermocht.

Im ganzen materialisierten sich jetzt die politischen Parteien. Agrarier und Industrielle standen rechts, zu ihnen trat auch der schutzzöllnerische Flügel der Nationalliberalen. In dem Kleinbürgertum bildete sich eine starke konservative Richtung mit besonderer Spitze gegen das Judentum. Die deutschkonservative Partei, die sich als solche 1876 neugeformt hatte, wuchs über das Junkertum und Preußentum hinaus; sie verlangte Erhaltung der natürlichen Gruppen des Volkes, keine schrankenlose, sondern geordnete wirtschaftliche Freiheit, Kampf gegen das große Geldkapital, Schutz für Landwirtschaft und Kleingewerbe, Kampf gegen die Ausschreitungen der sozialistischen Irrlehren, Schutz der sittlichen und wirtschaftlichen Lage der Lohnarbeiter. Dieser neue Konservativismus war christlich und nationalistisch zugleich; der Graf, der Pfarrer und der Handwerksmeister traten für ihn ein. Der Liberalismus war bei diesen Neuentwicklungen immer der angegriffene und leidende Teil. Die nationalliberale Partei brach geradezu auseinander. Der links gerichtete Teil, der sich für die geschädigten Handelsinteressen einsetzte, bildete eine eigene Gruppe, die sogenannte Sezession. Der Reichstag war sichtbar von dem hohen Standpunkt der siebziger Jahre heruntergekommen und verzehrte sich in fruchtlosen und ermüdenden Kämpfen, die aber desto persönlicher und gehässiger waren. Der ganze Reichsoptimismus der glorreichen Anfangszeit war verraucht. Die Zeiten wurden härter; eine realistische Jugend wuchs jetzt heran, die von 1848 nichts mehr wußte, die aber die großen Kriege gesehen hatte: ein derberes Geschlecht als die Väter, im Innern aber großartiger und entschlossener als sie. Und diese Jugend, mit ihren wechselnden konservativ-nationalistischen und radikalen Stimmungen lernte vor allem zu Bismarck emporblicken, als zu dem gewaltigsten Tatenmenschen der Zeit.

Erst in den achtziger Jahren hat er persönlich den Gipfelpunkt erreicht. Sie bezeichnen die letzte Etappe des Junkers, des Diplomaten, des kriegerischen Kanzlers. Der Greis, der er nun war, erfüllte für die junge Generation das Ideal des großen allumfassenden Staatsmannes, des politischen Genies, das das Leben einer ganzen Nation in all seinen verschiedenen Bedingungen und Möglichkeiten beherrschte — des Genies, dessen Verirrungen so großartig waren wie seine schöpferischen Taten.

„Ich bin auch Kathedersozialist", hat Fürst Bismarck einmal zu Gustav Schmoller gesagt. Das war ein liebenswürdiges Bonmot, denn mit Kathedern und Sozialismus hat Bismarck gleich wenig zu tun gehabt. Aber der Gedanke, die untersten Volksschichten von seiten der Regierung zu unterstützen, sie zu stärken, natürlich um die mittleren Schichten einzuzwängen — dieser Gedanke, so allgemein und so rein politisch, findet sich schon früh bei Bismarck. Auch Vorbilder hat er gehabt, wie Napoleon III., und an Anregungen aus der Wissenschaft und der nächsten Umgebung hat es nicht gefehlt. Eine Anzahl Richtungen wirkten da auf ihn und durch ihn nach demselben Ziel: der sozialreformatorische Idealismus, der Gedanke der christlichen Hilfe, die monarchisch-patriarchalischen Stimmungen. Die Prägung und Wertung von alledem in der praktischen Welt sind schließlich ganz Bismarckisch gewesen; und Bismarckisch insbesondere war es, die sozialdemokratische Partei zu verfolgen und zugleich für die arbeitenden Volksklassen zu sorgen.

Schon in den siebziger Jahren waren das Haftpflichtgesetz und das Hilfskassengesetz zustande gekommen. Die große epochemachende

Kundgebung war die kaiserliche Botschaft vom November 1881. Sie stellte als Grundsatz die Hilfe des Staates gegenüber seinen bedürftigen Mitgliedern auf, und zwar nicht als eine einfache Menschen- und Christenpflicht, sondern als eine Aufgabe der staatserhaltenden Politik. Auch die besitzlosen Klassen, die zahlreichsten und am wenigsten gebildeten Volksschichten, sollten in dem Staat mehr sehen als ein Organ des äußeren Schutzes. Es war die Wiederaufnahme und Vertiefung der großen Gedanken des Absolutismus, daß der Staat für das Wohlbefinden aller seiner Glieder zu sorgen hat. Das soziale Königtum der alten Hohenzollern sollte nun wieder eine Wirklichkeit werden. Die Ausführung des Programmes erfolgte in der großen Reihe von Gesetzen über Unfall-, Krankheits-, Alters- und Invaliditätsversicherung, kraft deren einem immer weiter gezogenen Kreise von Unbemittelten Renten gezahlt werden — Renten, die gewonnen wurden durch Verbindung eines von der Reichsregierung gebildeten Grundfonds und regelmäßiger einzuzahlender Beiträge.

Es war ein gewaltiges, für alle Kulturstaaten vorbildliches Werk, das da von Bismarck geschaffen worden ist. Es ist in einer langen Reihe von Jahren mit vielen Unterbrechungen und großen Hindernissen zum Trotz entstanden; für uns heute ist es etwas einheitlich Gigantisches, damals ein mühsamer Bau, Stein auf Stein. Eine Versöhnung mit den Arbeitern ist aber nicht dadurch erreicht worden. Bismarck hatte gehofft, den Stand gegen die Partei ausspielen zu können. Aber er, der unbarmherzige Kämpfer, erntete nichts als Haß. Es ist das ein Ergebnis von doppelt tiefer Tragik. Bismarck blieb der Konfliktsminister auch als greiser Staatsmann. Die Befriedigung und Beglückung der ganzen Nation hat er nicht erreichen dürfen. Es ist klar, daß das ein Verhängnis für das neue Reich war. Der Biograph wird das persönlich Notwendige seiner Kirchen- und Arbeiterpolitik begreifen; im größeren geschichtlichen Zusammenhang gesehen, ist das innere Leben des Reiches durch Bismarck nicht bloß bereichert, sondern auch verwirrt und erschwert worden.

Das äußere Leben des Reiches hat er aber durch seine überlegene Leitung herrlich gesichert; hier in dem ursprünglichen Gebiete seines Wirkens blieb er der Größte. Er wurde der Schiedsrichter Europas.

Das Deutsche Reich und Europa

Bismarck hatte seine Tätigkeit als Minister des Auswärtigen mit drei Kriegen begonnen. Wenn er und sein preußischer Staat deshalb kriegs- und eroberungsdurstig erschienen, so waren die folgenden Jahrzehnte der überzeugende Beweis für das Gegenteil. Für Bismarck war der Krieg das höchste und letzte Mittel einer ihrem innersten Sinne nach friedfertigen Politik. Nach drei Seiten hat Bismarck nacheinander gekämpft und so dem deutschen Volkstum seine Stellung in Europa geschaffen. Er ist der letzte und größte Verwirklicher des nationalen Staatsgedankens geworden. Sein Reich wurde für das emporringende Deutschtum die Form des staatlichen Lebens, die es ebenbürtig neben die älteren, schon lange kompakten Nationen stellte. Jetzt war es aufrecht, sicher, bewußt. Es war „saturiert", wie Bismarck sagte. Es wollte jetzt weiter nichts als Arbeit im Frieden. Seinem Lebenswerk dafür die Sicherungen nach außen zu verschaffen — das ist der Inhalt von Bismarcks auswärtiger Politik.

Der Ausgang des Krieges von 1870 rückte an die Stelle der österreichischen Kaisermacht das neue Reich als den natürlichen Gegner Frankreichs. Das nichtösterreichische Deutschland hatte jahrhundertelang mit Frankreich die nächsten Beziehungen kultureller und politischer Natur. Jetzt, durch den Frankfurter Frieden, war eine unüberbrückbare Kluft zwischen dem republikanischen Frankreich und dem kaiserlichen Deutschland befestigt. Der Revanchegedanke hat trotz aller Gegenströmungen, trotz aller überseeischer Erfolge das politische Leben Frankreichs dauernd beherrscht; der nächste Nachbar der Deutschen war und blieb ein unversöhnlicher Feind. Für das Deutsche Reich, die europäische Zentralmacht, bestand nun die dauernde, sein Leben bedrohende Gefahr, daß Frankreich sich mit den anderen Nachbarn verständigen könnte. Frankreich war ein für allemal der Antipode, der für jeden Gegner als Verbündeter gegen Deutschland zu haben war.

Mit ungewöhnlicher Schnelligkeit überwand die französische Republik die Folgen des Krieges und entledigte sich ihrer Verpflichtungen gegen das Deutsche Reich. Sie gewann nach anfänglichen Schwankungen und Krisen wieder eine sichere Regierungsform, ging nahe an der Möglichkeit einer Restauration des Königtums vorbei und eröffnete sich unter der Leitung von glänzenden Persönlichkeiten neue Gebiete politischer Wirksamkeit. 1875 schien ein neuer Krieg zwischen dem Deutschen Reiche und Frankreich auszubrechen. Die Franzosen behaupteten, Deutschland habe die Absicht gehabt, über Frankreich herzufallen, um seine Reorganisation zu hindern. Die inneren Zusammenhänge der Angelegenheit sind noch nicht klar zu übersehen. Tatsache ist jedenfalls, daß militärische Kreise in Berlin einen neuen Krieg wünschten. Hier wurde die Armeevermehrung in Frankreich, ihre Pferdeeinkäufe und das Ausfuhrverbot, wohl nicht mit Unrecht, als Vorbereitung des Kriegszustandes und als Herausforderung aufgefaßt. Ein Artikel der freikonservativen Post: „Krieg in Sicht" machte das größte Aufsehen. Die Franzosen beklagten sich durch ihre Botschafter bei den Kabinetten in Petersburg und London; und die englische Presse schlug Lärm. Die Franzosen erklärten, im Falle eines Krieges würden sie sich hinter die Loire zurückziehen. Auffallend war, daß gerade zu dieser Zeit Radowitz in einer besonderen Mission nach Petersburg ging. Kurze Zeit darauf kam der Zar nach Berlin und konferierte mit Wilhelm und Bismarck. Die Kriegsgerüchte verstummten darauf. Wilhelm sagte zu dem französischen Attaché: man hat uns brouillieren wollen, aber das ist nun vorbei. Und Gortschakow verkündete dem nervösen Europa, daß jetzt der Friede gesichert sei.

Bismarck wandte sich leidenschaftlich gegen die Auffassung der Russen und Franzosen. Er behauptete, weder er noch der Kaiser hätten den Krieg gewollt, er wäre eine kolossale Dummheit gewesen. Gortschakow und der französische Botschafter in Berlin, Gontaut-Biron, hätten die Geschichte abgekartet, um durch die Komödie ihn, Bismarck, in Verlegenheit zu bringen. Die Sache scheint doch weniger persönlich gewesen zu sein. Vielmehr haben offenbar damals die Franzosen ernsthaft an den Revanchekrieg gedacht, wie auch der plötzliche Zusammenschluß der Orleanisten und Republikaner beweist; und sie haben auf ein helfendes Eingreifen kontinentaler Mächte gerechnet. Bismarck hat unter diesen Umständen vorgezogen, über seinen Entschluß, gegebenenfalls zuvorzukommen und loszuschlagen, keinen Zweifel zu lassen. Und Rußland hat, mehr als Bismarck anerkennen wollte, damals noch zwischen den beiden Gegnern stehend, mit zum Frieden geholfen.

In einem Gespräch unmittelbar vor dem Berliner Kongreß berührte Graf Schuwalow die Frage eines russisch-deutschen Schutz- und Trutzbündnisses. Bismarck entwickelte als Antwort die großen Schwierigkeiten, die die Wahl zwischen Österreich und Rußland bedeuteten. Schuwalow machte in der Diskussion die Bemerkung, für Bismarck sei der Gedanke an Koalitionen der Nachbarn wie ein Alpdrücken. Und Bismarck antwortete, das sei in der Natur der Lage begründet. In diesem kurzen Meinungsaustausch ist das ganze Problem von Bismarcks auswärtiger Politik enthalten. Er mußte Bündnisse fürchten, und deshalb schuf er Bündnisse.

Sein eigentlichster Gedanke war ein Dreibund der Kaisermächte von Osteuropa, und das monarchische Italien sollte sich an diesen Block konservativer und autoritativer Mächte anschließen. Unmittelbar nach dem Frankfurter Frieden schien sich durch den Austausch von Monarchenbesuchen etwas wie ein Dreikaiserbündnis zu bilden. Zu einem formellen Abschluß ist es nicht gekommen. Tatsache war nur, daß das Freundschaftsverhältnis mit Rußland wiederholt betont wurde und daß Österreich sich gerne bereit zeigte, die feindselige Haltung von 1870 zu verlassen und mit dem Sieger in ein Verhältnis des Vertrauens zu kommen. Es sind zwei Momente gewesen, die es verhinderten, daß aus der diplomatischen Entente eine lebensfähige Allianz wurde.

Österreich mußte nach dem Ausscheiden aus der deutschen Politik neue Ausdehnungs- und Entwicklungsmöglichkeiten im Osten suchen und wurde so der Konkurrent Rußlands in der Balkanpolitik. Und in Rußland selbst vollzog sich immer mehr eine Konsolidation des russischen Nationalismus. Es entstand durch eine Verbindung der verschiedensten Momente kultureller und politischer Natur der phantastische Gedanke des Allslawentums, und er wandte sich nun vor allem gegen das Deutschtum, das seit Menschenaltern in diesem chaotischen Reich Pionierdienste geleistet hatte. Also sowohl zwischen Österreich und Rußland als zwischen Deutschland und Rußland entwickelte sich durch das Zusammenwirken innerer und äußerer Faktoren eine Entfremdung.

Der Ausgang des Krieges von 1870 hatte Rußlands Position im Orient bedeutend verstärkt. Das kaiserliche Frankreich, der anspruchsvolle Schutzherr der lateinischen Christen in der Levante, schied jetzt aus. Die demütigendste Bestimmung des Pariser Friedens, das Verbot, die Dardanellen zu durchfahren, wurde während des Krieges von Rußland einfach beiseite geschoben. Damit verwandelte sich das Schwarze Meer wieder aus einem Binnensee in ein Stück Mittelmeer, und das bedeutete eine Zuspitzung des alten Gegensatzes zu England, der ja während des ganzen 19. Jahrhunderts der Angelpunkt der Weltpolitik ist. Rußland, dessen schwerer binnenländischer Staatsleib immer den Rock mit den zugenähten Ärmeln abzulegen und ans Meer zu gelangen bestrebt war, erhob sich jetzt nach 1870/71 zu einer drohenden Offensive nach Süden und Westen. Der Aufstand der orthodoxen Serben in der Herzegowina eröffnete die Krisis. Die russischen Konsularbeamten hetzten in Bosnien und Bulgarien gegen die Türkei. Montenegro erklärte zuerst dem Sultan den Krieg. Die Mächte versuchten zu vermitteln; eine englische Flotte erschien am Bosporus. Rußland trat in Konstantinopel als Protektor der südslawischen Christen auf und erklärte, da sich die Pforte seinen Forderungen nicht fügte, den Krieg.

Der russisch-türkische Krieg von 1878 endete mit einem vollen militärischen Triumph Rußlands. Der Friede von San Stefano, den Rußland der Pforte diktierte, bedeutete einen Triumph des Slawentums und die Vernichtung der europäischen Türkei. England antwortete darauf mit kriegerischen Demonstrationen und ließ sich von der Türkei für den Schutz von Kleinasien Cypern überweisen. Österreich mobilisierte; es drohte ein Weltkonflikt. Bismarck hat ihn auf dem Berliner Kongreß verhindert. Er selbst hat sich den ehrlichen Makler genannt; er war damals der Schiedsrichter Europas, der Meister, der einzige, der alles beherrschte und alles umfaßte. Noch niemals hatte ein Deutscher den Großmächten Europas die Bedingungen ihres Fortlebens und ihres Verhältnisses zueinander diktiert. Die ganze internationale Politik der Folgezeit geht vom Berliner Kongreß aus.

Die Bedingungen des Friedens von San Stefano wurden wesentlich modifiziert. Die Beute der Südslawen wurde verkleinert, die Autorität der Türkei wenigstens formell in höherem Grade aufrechterhalten und vor allem: die österreichisch-ungarische Monarchie erhielt die beiden Provinzen Bosnien und die Herzegowina zur Verwaltung und wurde so in den Balkan vorgeschoben, um Rußland das Gegengewicht zu halten.

Damit hatte Bismarcks Politik eine entschiedene Schwenkung vollzogen. Er hatte vor 1870 mit Frankreich enge Fühlung gehabt, um mit Österreich abzurechnen, und dann hatte er Frankreich geschlagen. Und nun hatte er Rußland, dessen Freundschaft den Sieg über Österreich und Frankreich ermöglicht hatte, im Namen Europas gezügelt. Der Panslawismus, der neue übermächtige Geist des Russentums, war tief verletzt. Für russische Begriffe hat Bismarck den größten Triumph Rußlands im 19. Jahrhundert verdorben. Es war ein tiefer und gefährlicher Gegensatz entstanden.

Desto enger mußte jetzt das Verhältnis Deutschlands und Österreichs werden. Eine Anzahl persönlicher Momente machte die große politische Umwandlung ungemein dramatisch. Gortschakow und Bismarck standen in einem Verhältnis bösartiger Eifersucht. Zwischen Kaiser Wilhelm und Zar Alexander bestand eine Freundschaft, die ebenso auf menschlichen Sympathiegefühlen wie auf politischen Überzeugungen beruhte. Der alte Kaiser war mit der russisch-preußischen Allianz groß geworden; sie war der überzeugendste politische Eindruck seiner Jugend, und er wehrte sich mit aller Macht gegen eine Abkühlung des Verhältnisses, die ja auch nach Bismarcks eigener Ansicht in keinem akuten Interessengegensatz der beiden Mächte begründet war. Bismarck blickte aber doch weiter und tiefer: das Anschwellen des Slawentums und die von russischer und französischer Seite wiederholt erörterte Möglichkeit eines Zweifrontenkrieges wurde die nagende Sorge seines Alters, und er sah den besten Schutz für Deutschland in einer Verbindung mit dem ebenso bedrohten Österreich und möglichster Erhaltung der Türkei. Es ist doch so gewesen, daß der Angriff auf den europäischen Statusquo von Rußland ausging, und daß Bismarck alles tat, um ihn zu erhalten. Ein Bündnis mit Rußland hätte die Zertrümmerung Österreichs und der Türkei bedeutet, und das Deutsche Reich wäre durch das gigantische Anwachsen des östlichen Nachbars auf eine bescheidene kontinentale Stellung heruntergedrückt worden.

Und so entschied sich Bismarck für Österreich. Es war ein Umschwung und etwas Neues. Nachdem der Entschluß gefaßt war, hat er plötzlich und gewaltig umgeworfen, mit Andrassy die Verhandlungen souverän bis zu dem von ihm gewünschten Maß von

Intimität geführt und endlich die Zustimmung des achtzigjährigen Kaisers erzwungen.

Es ging ein Jubel durch das Reich und durch Österreich. Bismarck wurde in Wien so populär wie in Berlin. Das Jahr 1866 war überwunden, und das Beste und Kühnste der Bestrebungen von 1848 war verwirklicht. Es war etwas Großes geschehen, das für die Geschicke der Völker Europas eine Entscheidung bedeutete. Bismarck hat selbst ganz genau gewußt, daß in diesem Bund Gefahren für das Deutsche Reich lagen; es konnte in Dinge hineingezogen werden, die seiner ursprünglichen Interessensphäre fern lagen. Aber die Erhaltung der Macht- und Weltstellung Österreichs hatte er eben doch als die wichtigste Lebensfrage auch für sein Reich erkannt, und so hat sich der Bund der beiden Mächte, der sie einte, ohne ihre politische Autonomie zu schmälern, bei allen europäischen Krisen immer neu bewährt und hat seinen Schöpfer bis heute überdauert.

Auf dem Berliner Kongreß ist schon das Schicksal einer weiteren türkischen Provinz zur Sprache gekommen, das Schicksal von Tunis. Bismarck wies im Gespräch den Vertreter Italiens darauf hin und erhielt zur Antwort die überkluge ironische Frage, ob dem Deutschen Reiche so viel an einem Konflikt zwischen Frankreich und Italien läge. Es war in der Tat deutlich, daß Frankreich die Rechte der algerischen Nachbarschaft geltend machen würde, und Bismarck hat diese kolonialen Ablenkungen des französischen Revanchebedürfnisses gern gesehen und weitherzig gefördert. Als sich nun Frankreich entschloß, auf Tunis die Hand zu legen, da entstand die erwartete Verstimmung in Italien, und die italienische Regierung suchte Anlehnung an das Deutsche Reich und Österreich. Gleichzeitig in Wien und Berlin machten die italienischen Botschafter ihre Eröffnungen, und 1883 wurden in Wien die Verträge von den Bevollmächtigten der drei Länder geschlossen, die, soweit man weiß, zusammengenommen ein Defensivbündnis ausmachten, eine Garantie des Besitzstandes und ein Versprechen gegenseitiger Hilfe im Falle des Angriffes eines Dritten, diplomatische Zusammenarbeit vorausgesetzt. Der sogenannte „Dreibund" ist also eine gegen Frankreich gerichtete diplomatische Entente, die ihren Daseinsgrund in der Verstimmung zwischen Frankreich und Italien hatte. Italien war der schwächere Teil und das Deutsche Reich war der stärkere und von Frankreich bedrohtere Teil; zwischen Österreich und Italien bestanden die starken Interessengegensätze des Nationalismus; und endlich war für das Mittelmeerküstenland Italien ein freundschaftliches Verhältnis zu England notwendige Lebensbedingung, ein gutes Verhältnis zu Rußland erwünschte Rückendeckung. Diese Momente bedeuteten Schwächen des Dreibundes.

Bei dem Bündnis zwischen dem Deutschen Reich und Österreich war Österreich der schwächere und bedrohtere Teil; darin lag für das Deutsche Reich die Sicherheit, daß Österreich unbedingt und loyal daran festhalten würde. Der Bündnisfall war gegeben, wenn einer der beiden Kontrahenten von Rußland angegriffen würde. Es war wahrscheinlicher, daß Rußland Österreich, als daß Rußland Deutschland angriffe. Wie aber, wenn Österreich Rußland provozierte? Und dann: wenn Deutschland von Frankreich angegriffen wurde, dann war der Bündnisfall für Österreich nicht gegeben. Was aber würde dann Rußland tun?

Eine Annäherung zwischen Frankreich und Rußland erfolgte unmittelbar nach dem Berliner Kongreß. Gleichzeitig entstand eine fühlbare Verschärfung des alten weltpolitischen Gegensatzes zwischen Rußland und Großbritannien. Was bedeutete ein englisch-russischer Krieg für Zentraleuropa? Dazu nahm Bismarck Stellung, wenn er im Jahre 1884 durch eine Zusammenkunft der drei Kaiser ein Einverständnis über wechselseitige wohlwollende Neutralität herbeiführte. England würde infolgedessen den europäischen Kontinent im Falle eines Ausbruches geschlossen und vom Bismarckischen Willen beherrscht vorgefunden haben. Rußland war der Rücken gedeckt. Es ist irreführend, wenn man diese Neutralitätsverabredung von 1884 als „Rückversicherung" im Sinne Deutschlands bezeichnet; den Rückversicherungscharakter bekam sie erst 1887 bei ihrer Erneuerung. Denn diese Erneuerung fand nur zwischen Deutschland und Rußland statt, unter Ausschluß Österreichs. Sie bedeutete im Zusammenhang der bulgarischen Frage und des hier seitens Rußlands der Bismarckischen Politik vorgeworfenen Doppelspieles eine Klärung des deutsch-russischen Verhältnisses. Bismarck ließ Rußland im Orient möglichst freie Hand; eine direkte Unehrlichkeit Österreich gegenüber lag in der erneuten Zusicherung wohlwollender Neutralität im Falle des Angriffes eines Dritten deshalb nicht, weil ein Angriff Österreichs auf Rußland ja außerordentlich unwahrscheinlich war. Immerhin zeigte die deutsche Politik, daß sie nur nach eigenen Interessen zu handeln gewillt war und sich in keine Verwicklungen hineinziehen ließ. Gerichtet war der Rückversicherungsvertrag von 1887, vielleicht die größte, sicher die verwegenste Leistung von Bismarcks auswärtiger Politik, in erster Linie gegen Frankreich; zu England hatte der Dreibund ein freundliches Verhältnis gewonnen. Für alle möglichen Konflikte hatte Bismarck jetzt Freunde nach zwei Seiten hin. Der Rückversicherungsvertrag hat bis 1890 bestanden. Er beruhte auf einem höchst verwickelten, nur durch den einen Mann und für ihn möglichen Bündnissystem. Das Deutsche Reich hat niemals eine stärkere Position gehabt. Deutschland war für jetzt die beherrschende Macht des europäischen Kontinents, und darauf baute sich seine Autorität in der großen Welt auf.

Bismarck hat über die europäische Sphäre nicht hinausgreifen wollen; er hat das Deutsche Reich nicht in die weltpolitische Bahn gelenkt. Die Entwicklungen, die sich ergaben, ließ er mehr geschehen, als daß er auf sie hingearbeitet hätte. Er sei von Hause aus kein Kolonialmensch, hat er später gesagt. 1871 lehnte er es ab, an französischen überseeischen Besitzungen einen Machtzuwachs zu gewinnen. Noch 1880 wollte er von Kolonien nichts wissen, wie Fürst Hohenlohe bezeugt. Er sagte, wir hätten keine genügende Flotte, sie zu verteidigen, und unsere Bureaukratie sei zu solcher Verwaltung nicht geschmeidig genug. Die Dinge selbst führten dann doch darauf hin, ein Beweis für die innere Notwendigkeit dieses Geschehens. Der Bevölkerungsüberschuß und das Aufblühen des deutschen Handels haben kategorisch neues Land und überseeische Kontore gefordert. Der hanseatische Unternehmungsgeist griff bekanntlich aus seiner privaten Initiative heraus zu, als es gerade noch Zeit war. Kaufleute aus Hamburg und Bremen gründeten Niederlassungen in Kamerun, Togo, im Südwesten und im Osten Afrikas, auf den Inseln des Stillen Ozeans. Das verschiedene Einzelne schloß sich allmählich zusammen. Es entstand die Deutsche Kolonialgesellschaft. Bismarck widerstrebte lange; aber er nahm schließlich notgedrungen die Sache in seine kluge Hand. Er lehnte es ab, Provinzen in fremden Zonen zu erwerben, und prägte den neuen Begriff „Schutzgebiet". Da, wo deutsche Kaufleute Interessen und Besitz hätten, da sollten sie gegenüber den Einheimischen und den Angehörigen anderer europäischer Nationen den Schutz des Reiches genießen. Dieser Schutz war also als eine Ergänzung der neuen Schutzzollpolitik gedacht; er sollte nichts anderes bezwecken als die Förderung des deutschen Wirtschaftslebens. Freilich kam das Deutsche Reich so als aktiver Teilnehmer in den großen geschichtlichen Zusammenhang der Aufteilung Afrikas hinein. Frankreich und England waren schon an der Arbeit; was würde insbesondere England, das sich gerade in Ägypten festsetzte, zu dem neuen Konkurrenten sagen?

England war schon wegen der Annexion Hannovers kein wohlwollender Zuschauer bei der Erstarkung Preußens und bei der Entstehung des Reiches gewesen. Ein akuter Gegensatz zwischen England und dem Reich war aber noch nirgends entstanden. Die Erwerbung der Schutzgebiete geschah dann in offenem Gegensatz zu England und verstimmte stark in Mutterland und Kolonien; aber Frankreich war für England, gerade wegen Ägypten, in Afrika zunächst der stärkere und unmittelbarere Nebenbuhler. Am Kongo stießen die feindlichen Interessen fühlbar aufeinander. Bismarcks Staatskunst profitierte von dieser englisch-französischen Spannung. Er sagte: „Wir sehen ruhig zu, wenn die französische und die englische Lokomotive ineinander fahren", und leitete 1884 die afrikanische Konferenz in Berlin. Unter der freundlichen Mitwirkung Frankreichs wurden die englischen Ansprüche am Kongo eingeschränkt und für die Belgisch-Afrikanische Gesellschaft der neutrale Kongostaat gegründet, den die rivalisierenden Großmächte anerkennen und respektieren mußten. Es war eine diplomatische Niederlage Englands und ein dem Berliner Kongreß ebenbürtiger Triumph des Deutschen Reiches. Es hatte übersee Fuß gefaßt und mitgesprochen. Eine bewußte und moderne Kolonialpolitik begann erst später.

Das achte Jahrzehnt bedeutet menschlich und politisch Bismarcks Gipfelpunkt. Er stand jetzt unvergleichlich da; als den eisernen Kanzler ehrte und fürchtete ihn die öffentliche Meinung des ganzen Erdkreises. Man hatte sich daran gewöhnt, in Berlin zu huldigen und Ratschläge zu empfangen. Die Gotthardbahn verbesserte fühlbar die Beziehungen zu der mißtrauischen Schweiz. Mit Alfons XII. wurde nach dem Streit um die Karolinen durch eine Reise des Kronprinzen Friedrich ein freundschaftliches Verhältnis hergestellt. In den Vereinigten Staaten schwärmte man für Bismarck.

So mächtig ragten sie auf, er und sein Reich. Er war Deutschland selbst: er hatte es ausgestattet mit seiner ganzen Kraft und Größe.

Der Ausgang Bismarcks und die Anfänge Wilhelms II.

Die neukonservative Epoche der achtziger Jahre ist die eigentlich Bismarckische in einem klassischen Sinne gewesen. Aristokratische und autoritative Elemente jeder Art besinnen sich auf sich und drängen den bürgerlichen Liberalismus zurück, dessen Einheitsideal erfüllt war und dessen Freiheitsideal inhaltslos geworden zu sein schien. Die Entwicklung geht voran zugunsten und mit Hilfe des Militarismus, der Bureaukratie, des Kapitalismus, des Klerikalismus. Die Gegenströmungen, die immer stärker von dem wachsenden vierten Stand ausgehen und gewalttätige, ja anarchistische Mittel anwenden, werden mit der gleichen Gewalt unterdrückt. Es vollzieht sich ein Generationenwechsel. Die neue gewaltige Form des deutschen Lebens erscheint der Jugend selbstverständlich. Bei ihr findet Bismarck und sein Werk die schwärmerischsten Bejaher. Aber ein erheblicher Teil dieser Jugend lernt auch absolut und unbarmherzig zu verneinen. Es wird ein stürmisches Geschlecht groß, das sich im revolutionären Rausch eine neue Welt mit neuen Anschauungen und Gewalten aufzubauen liebt. Ein jugendlicheres Deutschland ist im Werden, und in ihm die Sehnsucht nach einer geistigeren Kultur.

Aber noch sind der Staat, die Macht, die Gewalt Quelle, Ziel und Mittel des Geschehens. Je mehr das Deutsche Reich durch Bismarck in diesem Sinne ein Staat wurde, der sich Selbstzweck war, der seine Machtmittel mit all der blühenden Kraft, die in ihm steckte, ausbildete, der jederzeit bereit war, mit den Gewaltmitteln, die ihn geschaffen hatten, seine Stellung in Europa zu behaupten, desto schwieriger wurde die Lage der zahlreichen Elemente nichtdeutscher Nationalität, die dem Reichsverbande angehörten.

Preußen, der Kern und die Machtquelle des Reiches, umschloß zwei feindliche Nationalitäten; im Norden die Dänen, die um so leidenschaftlicher gegen ihre Zugehörigkeit zu Preußen protestierten, je deutlicher es war, daß ihnen formal ein Unrecht geschehen war. Eine Klausel des Prager Friedens, die Napoleon III. durchgesetzt hatte, bestimmte, daß ein Plebiszit über die Zugehörigkeit dieser Norddistrikte stattfinden sollte. Diese Bestimmung wurde nicht erfüllt; die ganze Klausel wurde vielmehr durch einen Vertrag zwischen dem Reich und Österreich aufgehoben.

Im Osten Preußens wehrten sich die Polen gegen ihre Zugehörigkeit zu Deutschland. Es ist nicht schwer, geschichtlich nachzuweisen, daß die alte aristokratische Republik Polen mit ihrem Schattenkönig nicht mehr lebensfähig war. Nun hatte sich aber die polnische Nation während des neuen Jahrhunderts völlig erneuert und verjüngt. Sie war stark angewachsen; sie hatte ihre geistige Einheit kultiviert und bestärkt, sie hatte sich der Arbeit und der Unternehmung zugewandt. Die Vertreter des Deutschtums, mit denen sie zunächst benachbart waren und am meisten zu tun hatten, waren eine Mischbevölkerung, die es an Nachhaltigkeit, Zähigkeit und Vermehrungsfähigkeit gar nicht mit dem reinen Slawentum aufnehmen konnte. Der Kulturkampf half mit dazu, die Polen Preußen noch mehr zu entfremden. Bismarck faßte das Problem, wie es ein deutscher Staatsmann fassen mußte, als eine Existenzfrage für Preußen und das Reich. Die Grenzen Großpolens, wie sie die Agitation auf phantastischen Karten zeichnete, schnitten Schlesien und die Mark durch und umfaßten Westpreußen. Dagegen gab es nun einmal nichts anderes als entschlossenen Kampf, wenigstens solange das Deutsche Reich mit Rußland in einem freundschaftlichen Verhältnis stand. 1886 verließ Bismarck den bisherigen Weg der reinen Verwaltungsmaßregeln und wandte positivere und radikalere Mittel gegen das Polentum an. Es wurde die Ansiedlungskommission gegründet, der zur Aufgabe gesetzt war, polnisches Land im großen anzukaufen und mit deutschen Kolonisten zu besetzen. Der Kampf ist dadurch viel erbitterter geworden; aber nur so hat sich das Deutschtum in der Ostmark behaupten und verstärken können.

Das dritte fremde Element im Reich waren die Elsaß-Lothringer. In den ersten Jahren war das Reichsland als das Unterpfand der neuen Einheit ein verwöhntes Schoßkind. Die Straßburger Universität wurde eine der ersten Deutschlands. Aus allen Berufs- und Bevölkerungsschichten strömte es hinüber über den Rhein. Der Optimismus der ersten Jahre verschwand aber schnell. Die Flut wich zurück. Viele, besonders wohlhabende Familien optierten, gemäß den Bestimmungen des Frankfurter Friedens, für Frankreich; es waren 1872 bereits 162000 Personen. Die Regierung mußte diese Optanten zur Auswanderung zwingen, um nicht eine große Anzahl einflußreicher Franzosen im Lande zu haben. Die Schwierigkeiten der Verwaltung ließen sich weder durch die sanfte noch durch die scharfe Methode überwinden. Der innerste Grund war wohl der, daß das Reichsland aus zu verschiedenartigen Territorien bestand, die innerlich miteinander nichts zu tun hatten und sich nun in der Zwischenexistenz zwischen Deutschland und Frankreich zu einem mürrischen und heimtückischen Sonderleben zusammenfanden. Für das Verhältnis zu Frankreich war dieses unsichere Grenzland eine dauernde Gefahr; die Stimmung dort schien die Revanchеidee zu rechtfertigen. Die französischen und ausländischen Beurteiler pflegten dabei zu verkennen, daß die Opposition, soweit sie nicht von dem sehr geringfügigen wirklich französisch sprechenden Teil ausging, hauptsächlich auf süddeutscher Starrköpfigkeit und Eigenbrötelei beruhte. Im Innern waren die protestlerischen Abgeordneten des Reichslandes stets bereite Mitläufer freisinniger, klerikaler oder sozialdemokratischer Opposition.

Die konservativ-klerikale Mehrheit, durch die Bismarck den Schutzzoll durchgesetzt hatte, hielt nicht lange stand. Der Reichstag von 1884 brachte eine überlegene Opposition, bestehend aus Zentrum und den in der deutschfreisinnigen Partei neu vereinigten Gruppen des Linksliberalismus. Es war eine höchst unerquickliche Zeit; von Gesetz zu Gesetz mußte Bismarck sich mit den Fraktionen herumschlagen. 1887 nahm er die neue Militärvorlage zum Anlaß eines entschiedenen und großartigen Umschwungs. Es war ein Konflikts- und Krisenjahr ersten Ranges. Sowohl mit Frankreich wie mit Rußland schien der Krieg ausbrechen zu müssen. In Frankreich erreichte der Revanchedurst durch die Hetzereien des Generals Boulanger den höchsten Grad; zwischen Rußland und dem Reiche herrschte eine schwere handelspolitische Verstimmung. Ist Deutschland damals wirklich ganz nahe an einem Weltkrieg vorbeigekommen? Der äußere Anschein spricht dafür; eine Anzahl schwerwiegender innerer Momente dagegen. Sicher hat die Militärpartei, besonders unter Waldersees Einfluß, auf einen Krieg hingetrieben. Und Bismarck hat, so scheint es, den Kriegslärm anschwellen lassen und dann die Erregung geschickt für die innere Politik benutzt. Frankreichs war man ja keineswegs sicher; aber die auswärtige Politik Rußlands hatte Bismarck durch das Vertrauen des Zaren und durch den Rückversicherungsvertrag doch wohl in der Hand.

Das Septennat lief erst 1888 ab. Bismarck forderte bereits jetzt eine Erneuerung des Militärgesetzes und eine starke Vermehrung. Das Zentrum und die Deutschfreisinnigen erklärten, den letzten Mann und den letzten Knopf bewilligen zu wollen, aber nur auf drei Jahre. Da löste Bismarck den Reichstag auf. Die Neuwahlen, die unter der Parole des Militärgesetzes angesichts des drohenden Weltkrieges vorgenommen wurden, brachten Bismarck einen glänzenden Sieg. Konservative, Reichspartei und Nationalliberale schlossen für die Wahl das sogenannte Kartell ab. Und diese Kartellparteien brachten es zu einer absoluten Mehrheit von 45 Stimmen. Die Geister hatten sich geschieden, für oder gegen Bismarck. Was nur immer ehrlich Bismarckisch sein konnte — das nationalgesinnte Bürgertum und auch sein alter konservativer Kreis, der sich vor Jahren von ihm politisch und persönlich losgesagt hatte: sie alle scharten sich dieses letzte Mal um ihn. Es war eine gewaltige Kundgebung — der Erfolg seiner zusammenzwingenden Persönlichkeit. Das Kartell half Bismarck vollenden, was er wollte: das Septennat, das neue Sozialistengesetz, die Verlängerung der Sessionsdauer des Reichstages von drei auf fünf Jahre.

Die alte Zeit schloß ab voll Härte, Stolz und Glanz. Bismarcks Wirken hatte nichts Absolutes, keine großen Gründe, keine weltweiten Ideale: erst preußische Politik, dann deutschnationale Politik, keine Sympathien, sondern Interessen, scharfe, kluge Interessen. Er verfolgte Ziele, die seiner ganz persönlichen, starken, umfassenden Ansicht des Geschehens und seines folgerichtigen Fortgangs entsprachen; und die Gesamtheit der Dinge, in ihrer Verschlungenheit und Abgestimmtheit, wie er sie schließlich allein noch überschaute, schob er nun diesen Zielen entgegen. Umstände, Gegenkräfte, kreuzende Ströme und allerhand Menschliches — das verstand er in irgendeiner Weise zu überwinden, wenigstens für den Augenblick und für den Bereich seiner Macht. Man mußte für ihn sein oder wider ihn; so hatte er es zuletzt von seinem Volk verlangt und verlangen dürfen.

Am 9. März 1888 starb Wilhelm I.; und sein Sohn Friedrich folgte ihm auf den Thron und ins Grab. Bismarck und das Reich erhielten in dem einen Jahr den dritten Kaiser. Der Großvater und der Vater waren Naturen von mittlerem Maß gewesen: unter sich entgegengesetzt genug, aber gleichartig an Intensität der Erscheinung — Wilhelm I. soldatisch, schlicht, stramm, treu; Friedrich weich, lässig, bewußt, dem Geistigen und Glänzenden zugeneigt. Der Sohn und Enkel, Wilhelm II., ein 29jähriger, zeigte nun zu den beiden den vollen Kontrast.

Wilhelm II. ist zu einer Zeit des mächtigsten Aufschwungs deutscher Geschichte aufgewachsen. Die welthistorischen Ereignisse der Kämpfe um das Reich waren in seiner Entwicklung ganz nahe Geschehnisse seines Hauses, seiner Familie. Dieser Eindruck der heroischen Zeit, in der Bismarck als der Bewunderte und Angefeindete, in jedem Fall als der unvergleichlich Erfolgreiche aufragte, ist für seine Entwicklung bestimmend geworden. Die besondere, ungewöhnliche Begabung des Prinzen Wilhelm war schon in seiner Jugend zweifellos. Und mit diesem Reichtum an Talent verband sich eine früh geprägte Individualität, die das Heterogenste aufnehmen konnte und dabei immer sie selbst blieb. Bürgerlich erzogen, wurde er in seinen Neigungen nun doch gerade kein Bürgerfürst. Von der Mutter erbte er die Liebe zu den Künsten und das Wohlgefallen, sich darin zu versuchen. Er verkehrte gern unbefangen und liebte scharfes Disputieren. Er war Soldat aus innerster Neigung, und seine große technische Begabung führte ihn auf die Marine. So war er schwer zu erkennen und zu verstehen; klar war nur, daß hier ein unermüdliches und bedeutendes Ich lebendig war.

Bismarcks Wesen und Wirken war naiv. Er stand nie außerhalb seiner selbst, er setzte sich nicht als Objekt. Es war bei ihm wie die Entladung einer Naturkraft. Prinz Wilhelm war ganz anders. Ihn erfüllte ein innerer und erhabener Schwung; er hatte durch Eindrücke, Studien und die gestaltende Kraft seiner warmen Empfindung sich eine Anzahl großer leitender Ideen herausgearbeitet — in Sozial-, Kultur- und Wirtschaftspolitik, in bezug auf die Ausgestaltung der deutschen Wehrkraft und auf die Ausbildung der deutschen auswärtigen Politik. Und diese Ideen wollte er nun verwirklichen; ohne Kompromisse, trotz augenblicklicher Niederlagen und Enttäuschungen, trotz dem für ihn unverständlichen und verwerflichen Entgegenarbeiten der Feinde — trotz dem und allem. Und immer war er dabei bereit, sich selbst für die Idee mit Rede und Schrift, mit seinem ganzen persönlichen Wesen einzusetzen.

Zwischen Kaiser Friedrich und Bismarck hatte eine Gegnerschaft der Anschauungen bestanden, wie sie zwischen einem Fürsten von mehr konventioneller Art und einem genialen Staatsmann vielleicht lange bestehen konnte ohne einen äußeren Bruch. Auch Bismarck selbst faßte das so auf; er rechnete auf Kämpfe mit Friedrich — sie begannen ja schon während der 99 Tage —, aber er getraute sich, durch Nachgiebigkeit im kleinen sie zu bestehen. Zwischen Bismarck und Wilhelm II. bestand aber ein fundamentaler Gegensatz des Wesens, und jeder der beiden Typen war in sich stark und bedeutend: hier ein Greis, mit Ruhm bedeckt, titanisch in seiner Gewaltsamkeit, ganz irdisch und diesseitig, der Heros einer Nation und eines Jahrhunderts; und hier ein jugendlicher Mann, hochgestimmt, hochfliegend, unberührt vom Gemeinen, ganz Schwung und Geistigkeit, voll schwellender goldener Gedanken, durchströmt von der Majestät seiner Mission und seiner Jugend, der gläubige, sonnige Führer eines neuen Geschlechts, das einem strahlenden Morgen zugewandt war.

Wie bei allen großen menschlichen Konflikten hat die Frage nach dem materiellen Recht oder Unrecht wenig Sinn; es handelt sich darum, die innere Notwendigkeit des Ereignisses zu verstehen.

Wilhelm II. galt bei seiner Thronbesteigung als ein begeisterter Bewunderer des Fürsten Bismarck, und er war es auch. Von seinem Vater, Kaiser Friedrich, hatte ihn zuletzt viel geschieden. Graf Waldersee war sein Intimster; durch ihn ging die militärische Tradition Wilhelms I. direkt auf ihn über. Nahe stand ihm auch Fürst Bismarcks ältester Sohn, Graf Herbert. Der sollte, so hoffte der alte Fürst, die weite Distanz überwinden, die ihn selbst von Wilhelm II. trennte, und er sah in Herbert immer gewisser den zukünftigen vertrauten Minister und seinen eigenen Nachfolger. Der Reichskanzler hatte Wilhelm persönlich gut kennen gelernt, da er sich den Prinzen zur Einweihung in die Geschäfte hatte übergeben lassen, als Friedrichs Krankheit kritisch wurde. Er glaubte den begeisterten Schüler zu verstehen, und er verstand ihn wirklich, wenn er das berühmte Wort sprach: „Dieser Kaiser wird sein eigener Kanzler sein". Er gab Wilhelm das feierliche Versprechen, sich nie von ihm zu trennen, und ging nach Friedrichsruh, während der junge Kaiser in Begleitung von Herbert Bismarck seine höfischen Antrittsbesuche im Ausland machte.

Das Jahr 1889 brachte keinen Konflikt, nur einen Skandal, der vorüberging. Die Tagebücher Kaiser Friedrichs aus dem Feldzug 1870/71 wurden durch seinen Freund, Professor Geffcken, veröffentlicht; sie enthielten mancherlei Peinliches für die kleineren deutschen Fürsten, deren Beseitigung der einstmalige Kronprinz ja für nötig hielt. Bismarck faßte die Angelegenheit als eine Intrige der enttäuschten Fortschrittler auf und machte den vergeblichen Versuch, die Tagebücher als Fälschung hinzustellen.

Ende 1889 weilte der Zar in Berlin; Bismarck versicherte seine Loyalität. Da fragte der Zar: „Sind Sie sicher, im Amt zu bleiben?" Und Bismarck bejahte mit Bestimmtheit. Der Kampf um die Macht zwischen Kaiser und Kanzler bereitete sich vor. Eine Tatsache war: Bismarck war ein alter Mann. Seine gewöhnliche Hartnäckigkeit und Heftigkeit hatte sich zu einem für seine Mitarbeiter schwer erträglichen Grad gesteigert. Er behandelte Gegner mit einer unbekümmerten Verachtung, die trotz seiner eminenten Autorität den Widerspruch auch der Wohlgesinnten herausforderte. So war auch seine politische Arbeit weniger kaltblütig, weniger geschmeidig und nachhaltig geworden. Er kam zudem wenig nach Berlin; viele maßgebende Personen pflegte er nur noch selten zu sehen. In Friedrichsruh empfing er seinen diplomatischen Hof. Aber nicht jeder ging hin. Seine Stellung war jetzt so souverän geworden, daß eine kleine Überspannung darin empfunden wurde. Und schließlich: Graf Herbert trat genau so rücksichtslos auf wie sein Vater, und das konnte nur verletzen, erbittern und dauernd schaden. Es vermehrte sich die Zahl der Eifersüchtigen und der Übelwollenden. Wer wohl schließlich siegen würde — die Dynastie Hohenzollern oder die Dynastie Bismarck? Dieses böse Wort wurde geraunt.

Die persönlichen Gegensätze offenbarten sich bald in einer Anzahl von sachlichen Konflikten. Bismarck suchte im Sinne des Rückversicherungsvertrages mit Rußland gut zu stehen; Wilhelm II. neigte mehr zu einem klaren und eindeutigen Bündnis mit Österreich. Bismarck verlangte 1890 von dem Kartellreichstag eine verschärfte Erneuerung des Sozialistengesetzes. Wilhelm II. dachte nicht nur die alte Kampfpolitik gegen den Sozialismus aufzugeben, sondern auch eine neue positive Schutzpolitik zu inaugurieren, deren Grundsätze er in einem eigens dazu ohne Bismarcks Vorwissen einberufenen Kronrat vortrug. Er erklärte, Zeit, Dauer und Art der Arbeit gesetzlich regeln zu wollen. Bismarck wandte sich schroff dagegen und versuchte die Pläne des Kaisers zunächst dadurch unschädlich zu machen, daß er eine internationale Konferenz anregte. Der Kaiser ließ sich aber nicht beirren; der Reichsanzeiger veröffentlichte seine sozialpolitischen Erlasse ohne Gegenzeichnung Bismarcks. Im Reichstag war indessen infolge einer Verabredung Bismarcks mit den Konservativen das ganze Sozialistengesetz zu Fall gekommen. Der Kartellreichstag wurde nach Hause geschickt; Bismarck wollte mit der Parole des Kampfes gegen die Sozialdemokratie die Neuwahlen machen. Das Ergebnis war aber eine Niederlage des Kanzlers; die Linke kehrte erheblich verstärkt zurück. Vierzehn Tage später vereinigten sich die Mitglieder des internationalen sozialpolitischen Kongresses in Berlin.

Es herrschte also Krieg zwischen Kaiser und Kanzler. Da wagte Bismarck eine Machtprobe. Aus dem Jahr 1852 existierte eine Kabinettsordre Friedrich Wilhelms IV., wonach der Ministerpräsident die volle Kontrolle über die Maßnahmen der übrigen Minister haben sollte, dergestalt, daß nichts Wichtiges zwischen König und Minister ohne Vermittlung des Ministerpräsidenten vorgehen konnte.

Wilhelm II. verhandelte aber, wie es durchaus den Umständen entsprach, persönlich und entscheidend mit den Ministern. Boetticher, Berlepsch, Verdy du Vernois waren die Hauptstützen dieses kaiserlichen Regimentes. Bismarck führte nun den ersten Hieb. Er macht die Minister auf die völlig in Vergessenheit geratene Kabinettsordre aufmerksam und fordert sie auf, sich danach zu richten. Wilhelm II. faßt das mit Recht als eine Knebelung auf. Bismarck erklärt sich bereit zurückzutreten. Wilhelm läßt die Abschaffung der Ordre anregen. Bismarck erklärt sie für nötig.

Ein letztes Moment wurde wirksam. Es war am 14. März 1890,

unmittelbar nach der parlamentarischen Niederlage der Regierung. Die Norddeutsche Allgemeine Zeitung verriet bereits die neue Mehrheit, die Bismarck plante: Konservative und Zentrum. Da ließ Windthorst durch Bleichröder Bismarck um eine Unterredung bitten und stellte seine Forderungen. Bismarck diskutiert, opponiert, er geht schließlich halb auf manches ein. Windthorst, der Bismarcks Stellung stärken wollte, hat den Eindruck, daß er unrettbar vor dem Sturz stand.

Wilhelm II. führt den Gegenstoß. Er läßt Bismarck durch Lucanus mitteilen, daß er ihn vorher orientieren möge, wenn er mit Parteiführern Verhandlungen führen wolle. Bismarck weist diesen Eingriff scharf ab. Und da stellt der Kaiser ihn tags darauf am frühen Morgen zur Rede. Bismarck wird sehr heftig, er verbittet sich die Einmischung und lehnt den Befehl des Kaisers ab. Er sagt, er sei übrigens bereit zu gehen. So pocht er auf seine Stellung. Da schickt der Kaiser Hahnke, seinen Adjutanten, und fordert die Entlassung. Der Fürst erbittet sich Zeit und erklärt offen, der Schritt sei ein Verhängnis für Volk und Reich. Vertraute gehen auf und ab, die Ministerkollegen werden ängstlich um ihr Schicksal. In Bismarck wühlt der Ingrimm und macht sich Luft in starken Worten. Der Kaiser läßt den Ministern, die unter Boettichers Vorsitz zusammengetreten sind, sagen, sie möchten sich nicht mehr bemühen, seine Entschlüsse seien gefaßt.

Lucanus erscheint wieder bei Bismarck: das Entlassungsgesuch sei noch nicht in der Hand des Kaisers, er mahnt und stellt einen Termin. „Ich bin verantwortlich vor mir und vor der Geschichte", sagt der alte Kanzler. Er läßt den Kaiser warten. Er präsidiert noch der Arbeiterkonferenz und sieht ihre Mitglieder bei sich zu Tisch. Am 20. März schickt er das denkwürdige Gesuch an den Kaiser; es ist ein Monument seines Geistes und seines Stolzes. Sofort erscheinen Hahnke und Lucanus mit der Antwort: das Gesuch ist bewilligt, und Bismarck ist Herzog von Lauenburg und Generaloberst der Kavallerie geworden.

Die Entlassung Bismarcks ließ die öffentliche Meinung im Reich und im Ausland erstarren. Die Hofleute in Berlin atmeten auf, Bismarcks persönliche Feinde triumphierten. Der Kaiser litt ehrlich unter dem, was er hatte tun müssen. Auch Graf Herbert nahm seinen Abschied. Der Fürst führte würdig das Amtliche zu Ende.

Auf dem Grabmal des alten Kaisers legte er ein paar Rosen zum Abschied hin. Am 29. März verließ er Berlin, umjubelt von der Menge. —

Wilhelm II. hat Bismarck nicht in einem hellen Aufflackern des Zornes entfernt. Er hat lang und schwer darum gekämpft und hat es schließlich klar und folgerichtig getan, so wie man einer höheren Notwendigkeit gehorcht.

Wilhelm II. hat nicht den Meisterdiplomaten Europas beseitigen wollen. Er hat den Tyrannen der inneren Politik beseitigen müssen, den Mann des Kulturkampfes und des Sozialistengesetzes, der mit seinem Wesen, seiner Wucht, seinem Haß und der Verwegenheit seiner innersten, letzten Gedanken und Pläne lastete auf den Hoffnungen und Wünschen der neuen Generation. Daß Wilhelm II. zu dieser Handlung trotz aller Hemmungen, trotz aller so leicht vorauszusehenden Kritik, trotz der eminenten Werte, die mitgeopfert wurden und die er besser kannte als irgendwer, — daß er trotz alledem den Mut zu dieser Handlung fand, daß er die Kühnheit hatte, die neue Zeit, die begonnen werden mußte, fest und entschieden zu beginnen: das war geschichtlich groß gehandelt. Es war nach Bismarck überhaupt und unter allen Umständen schwer zu arbeiten, und doppelt schwer für einen jugendlichen Monarchen. Aber das politische Genie hat Nachfolger und muß Nachfolger haben. Seine Einzigkeit besteht nicht in dem materiellen Inhalt seines Handelns, sondern im Stil seines Handelns. Bismarcks Zeit war vorüber. Es war ein Widersinn, Bismarckische Gedanken und Taten in der neuen Epoche zu vertreten und zu verlangen.

Und den Begriff von dem Wesen und den Forderungen dieser neuen Epoche hat Wilhelm II. gehabt. In der Zeit der völligen Umwandlung der politischen Daseinsbedingungen der Staaten der Erde hat Wilhelm II. seine ganze gewaltige und rastlose Arbeit daran gesetzt, Deutschland zu einer der neuen Weltmächte zu machen, obgleich es bei diesem Bestreben durch natürliche und historische Verhältnisse unter allen möglichen Konkurrenten am wenigsten begünstigt war; Bismarck hatte gesagt, Deutschland ist saturiert. Wilhelm II. hat das Neue unternommen, dem Reich einen Platz an der Sonne zu sichern, dessen Rang der deutschen Volkskraft, der deutschen Arbeit und der deutschen Kultur würdig wäre. Der Idealist Wilhelm II. hat diese große Idee mit der ganzen Inbrunst seiner Seele erfaßt; alle seine Einzelpläne zielten auf ihre Verwirklichung; es war in der Tat der Sinn der neuen Weltepoche, und das Reich mußte sich, wenn es die Bismarckische Heroenzeit dem Geiste nach fortsetzen wollte, über seine europäische Sphäre hinaus behaupten, in allen Meeren, selbst auf die Gefahr des Kampfes und des Unterganges hin.

Bismarck war nun wieder der Edelmann auf dem Lande. Er hatte sich auf den Höhen seines Erfolges immer in diese Freiheit gesehnt. Und jetzt? Das hohe politische Geschäft war doch der Atem und die Spannung seines Lebens geworden. Er konnte davon nicht los, und er bäumte sich auf gegen die Menschen und die Mächte, die ihn herausgerissen hatten. Das war ein menschlicher Kampf, erfüllt von höchster innerer Leidenschaft. Er hat noch einmal bitter, wie ein Rebell, um seinen Gott gerungen, und in einer Nacht las er den Wallenstein und fand hier seinen Konflikt. Er konnte die Demütigung nicht schweigend ertragen. Die Unklarheiten und die Verwirrung der ersten Jahre des neuen Kurses riefen ihn als Kritiker auf die Bahn. Er sprach zur Öffentlichkeit, er opponierte, er warnte, er beschwor die Geister seiner Taten — mit überlautem Eigensinn, mit dem heißen Haß eines Ausgestoßenen und Verfluchten. Die Hamburger Nachrichten wurden sein Organ. Hier trat er gegen den jungen Monarchen auf, wie ein trotziger Vasall, der dem Lehnsherrn grollt, und nicht wie ein mit Gnaden überhäufter hoher Beamter. Natürlich war er im Persönlichen über alles Maß ungerecht; was sollte ein Kämpfer anders sein? Aber er, der geschmeidige Praktiker, dem die Lage selbst das Handeln eingab, dogmatisierte jetzt seine Politik zu einer Anzahl starrer Formeln. Der Biograph wird darin etwas Notwendiges verstehen; der Geschichtsschreiber darf das Unerquickliche und Schmerzliche in dieser letzten Position des großen Mannes nicht verleugnen.

Das neue offizielle Deutschland konnte auf solche Angriffe nur mit Angriffen antworten. Man ließ den Alten die Macht fühlen und sagte sich ausdrücklich und amtlich von diesem politisierenden Privatmann los. Ja man stellte ihn sogar gelegentlich der Hochzeit des Grafen Herbert in Wien gesellschaftlich kalt. Furchtbar schwer hat das die Seele des freien und stolzen Mannes verletzt. Und in diesen dunkeln Zeiten sind die Gedanken und Erinnerungen zu

Papier gebracht worden, ein tragisches Buch des Kampfes und des Grolles, voller politischer Weisheit, literarisch von höchstem Reiz, aber kaum irgendwo wahre Historie. Es ist das Vermächtnis Bismarcks an sein Volk; er hat es lehren wollen, die Dinge Bismarckisch zu sehen. Der Stoff ist außerordentlich verschiedenartig: Gespräche, Anekdoten, Artikel, Akten, Briefe sind die Grundlage und der Inhalt. Er rechtfertigt sein persönliches Vorgehen, er kritisiert politische Maßnahmen, er reflektiert über Diners und Hofsitten so gut wie über diplomatische Geschäftsbehandlung, er erreicht den höchsten Standpunkt in historisch-politischen Abhandlungen, wie es die über Dynastien und Stämme und die andere über die zukünftige Politik Rußlands sind.

Der Stil ist wundervoll persönlich: eine Art Amtsstil, der aber geistreich durchleuchtet ist und eine grenzenlose Ausdrucksfähigkeit erreicht: überlegen, sarkastisch, zu Wendungen von unvergeßlicher Schlagkraft gesteigert. Wer wird es etwa aus dem Gedächtnis verlieren können, daß der erbliche Verstand bei den Buols ein Kunkellehen ist?

Bismarck folgt dem chronologischen Verlauf seines Lebens und läßt so den ganzen Glanz, die ganze Fülle dieses Daseins bewußt werden. Er überliefert packende Szenen: wie er etwa 1848 dem Prinzen von Preußen das Lied vorliest, in dem die Zeile vorkommt: „Hier fiel ein König, aber nicht im Streit". Er setzt den Personen, die in seinem Leben mächtig waren, Denkmäler; es sind Denkmäler zumeist der Satire und des Hasses. Da ist Graf Harry Arnim, zu dessen Charakteristik alles dienen muß — die Amme seines Sohnes, die Schauspielerinnen aus der Jünglingszeit, die Leichtigkeit des Weinens: so kommt ein Meisterstück posthumer Vernichtung zustande. Eine Lieblingsfigur Bismarcks ist Fürst Gortschakow; seine Eitelkeit, sein Popularitätsbedürfnis, sein Wunsch, seine Beredsamkeit europäisch zu verwerten — alles das wird mit souveräner Malice besprochen und belegt. Die schärfsten Worte sind gegen die Kaiserin Augusta gerichtet, und hier hat Bismarck die Schranken der Ritterlichkeit überschritten. Besonders bezeichnend für seine Meisterschaft böser Nachrede ist da vielleicht die eine Stelle, da er die Äußerungen des Generals Gustav von Alvensleben über die Kaiserin berührt, „die an die Strafgesetze grenzten". Er gibt diese Äußerungen selbst natürlich nicht wieder; er erreicht aber durch diese Form und die Einführung des Zeugen den doppelten Eindruck von großer Schärfe und innerer Berechtigung des Verdammungsurteils.

Die Gedanken und Erinnerungen sind das Werk eines großen Schriftstellers. Von Künstlerschaft Bismarcks sollte man nicht sprechen; denn wo und wie hätte er neue und ewige Phantasiegestalten geschaffen? Schriftstellerisch ist aber seine Art von höchster Originalität. Unbewußt-bewußt arrangiert er, spitzt er zu, wechselt er im Ton, — verbindet er das erfreuliche Besondere mit dem wichtigen und ernsthaften Allgemeinen. Er erzählt herzhaft darauf los und bricht überraschend ab. Er verbindet geruhsame Schilderung mit genialischem Einfall, er reizt und unterhält, er verblüfft und ergreift.

Bismarcks Buch ist nur als Torso bekannt. Der dritte Teil der Gedanken und Erinnerungen ist bis jetzt der Öffentlichkeit vorenthalten worden. Wir empfinden die Lücken wohl: Sozialistengesetz und soziale Gesetzgebung, Wirtschafts- und Kolonialpolitik, die ganze Zeit des Abschlusses und das Auftreten Wilhelms II: — alles das fehlt. Am sympathischsten wirken die Gedenkworte auf Kaiser Wilhelm I. Hier spricht, was so selten bei dem harten Wirklichkeitsmenschen herauskommt, die persönliche Liebe. Wie schön ist es, wenn Bismarck von dem starken und tapferen Geist des alten Kaisers redet, wenn er seine Neidlosigkeit schildert, und wenn er auseinandersetzt, warum ihn die Heftigkeit seines Herrn niemals habe verletzen können; ebensowenig wie im Elternhaus habe er sich durch ihn beleidigt fühlen können. Hier ist etwas wirklich Reines und Edles in Bismarck mächtig: die Treue.

Wilhelm II. mußte einsehen: der Politiker Bismarck war nicht tot, wenn man ihn entließ. Er lebte fort, eine sichtbare Verkörperung des nationalen Gedankens. Tausende wallfahrteten zu ihm. Wie viele sah er an seiner Tafel! Auch Horcher und Schleicher, die auf die Ausbrüche seines Zornes lauerten, um den pikanten Stoff schleunigst zu verwenden. Sein Wesen und seine Ansicht der Dinge kamen so oft verzerrt an die Öffentlichkeit. Er kümmerte sich nicht darum. Für die Feinde hatte er bitter lachende Verachtung, und seiner Freunde freute er sich, ohne viel nach Art und Wert des Mannes zu fragen.

Bismarcks Erscheinung hatte nun ihre letzte Gestalt gewonnen: er ist der alte Held im niedersächsischen Wald, der Mann mit dem gefurchten Gesicht unter dem breitkrempigen Hut, die ungebeugte Gestalt umschlossen vom langen schwarzen Zivilrock, der Mann, dessen tiefverwundetes Inneres draußen in der stillen Natur sich linderte und der am Tisch bei den Seinen dann trotz allem wieder durch die Grazie und die Kraft seiner Worte bezauberte. Eine Erscheinung, die vor den ehrfürchtigen Augen der Huldigenden ins Übermenschliche wuchs, umwoben von der schwermütig heroischen Poesie, die über das Haus gebreitet war, in dem er wohnte, und die die Landschaft durchbebte, in der er hünenhaft einherschritt.

Der Kaiser sah ein, daß er mit diesem Manne Frieden machen mußte. Als Bismarck 1893 an Lungenentzündung schwer erkrankte, bot er ihm ein Schloß zur Erholung an und sandte ihm als Gruß eine Flasche Steinberger Kabinett. Bismarck kam daraufhin zu einem Dank- und Glückwunschbesuch am 26. Januar 1894 nach Berlin. Eine glänzende Kundgebung brachte dann 1895 der 80. Geburtstag des Fürsten. Und dann wurde es stiller um ihn; der Tod seiner Gattin warf ihn seelisch zu Boden. Die Melancholie des Greisenalters umfing ihn ganz. 1898 ist er gestorben.

Die größten Dinge, die das deutsche Volk seit Jahrhunderten erlebt hat, sind durch diesen Mann gestaltet worden.

Jugend und Jünglingszeit machten ihn hart und fest. Er ist ein Mensch von seelischer Tiefe und höchster geistiger Kraft; nach schweren Krisen ins innere Gleichgewicht gekommen, wird er fähig zum großen Handeln. Landedelmann und Preuße, führt er diesen seinen Staat zu der höchsten Erfüllung seiner Möglichkeiten, und er ergreift mit ihm, vom Ehrgeiz Friedrichs II. getragen, Deutschland und seine Zukunft. Er steigt höher: er vernichtet und baut auf, er handelt und ringt, rückhaltlos und leidenschaftlich, als der Genius, der weiß, daß er das Leben und die Erfüllung bringt. Jeder Schritt wird ein Sieg, jeder Sieg ein Triumph der Nation. Das Reich ist gegründet; um die Ausgestaltung beginnt ein neuer geistigerer Kampf. Der Heros erlebt die ersten Niederlagen, voll Ehre und voll Bedeutung auch sie. Am Ende umgreift er das Leben seines Volks doch noch einmal: vergewaltigend und unterdrückend gewiß; aber viel größer ist doch die Hilfe, die Sicherheit, die hundertfache Bereicherung, das gespendete Leben.

Er war ein Mensch, dessen Wesen uns als ein Ganzes von unvergleichlicher Daseinsfülle gegenwärtig bleibt. Er hat etwas Ungeheures und Verwegenes an sich. Er wagt alles und kann alles; er ist so ein leuchtendes Wahrzeichen für seine Zeit und sein Jahrhundert geworden, aber wahrhaftig nicht gefahrlos für die Kleinheit seiner Anwohner: er ist nie bequem und geduldig für Mitarbeitende und Mitlebende gewesen. Aber wir beugen uns gerade vor dieser Härte. Denn er hat für uns alle gestritten und gewagt. Deutsch sein und Bismarckisch sein ist dasselbe geworden. Er selbst ist ja so deutsch: aufrichtig im Innersten, zart und wuchtig zugleich, treu und unbekümmert.

Das Leben des politischen Genius ist seine Hinterlassenschaft. Die Summe seiner Taten ist sein Werk; dadurch spricht er zu den Nachgeborenen so wie der Weise und der Künstler durch ewige Gedanken und Gestalten. Die Totalität des Daseins des genialen Staatsmanns, abgeschlossen, historisch gerundet, wie sie sich vor uns aufgebaut hat, das ist sein Ewiges. Der Wert, den es bedeutet, kann nicht untergehen. Er hat die Deutschen erzogen, entschlossen, streng und wirklichkeitssicher zu sein. In unserer neuen Epoche kann er uns nicht sagen, was heute und morgen gewollt werden muß. Aber daß eine solche geistig-sittliche Kraft in unserem Volke mächtig gewesen ist, das stählt uns die Hoffnung für unsere kommenden Schicksale.

Quellen und Literatur

Ich kann es hier nicht unternehmen wollen, zu der Bismarckliteratur referierend und kritisch Stellung zu nehmen. Einen chronologischen Überblick über den gewaltigen Umfang, den sie genommen hat, gibt Singer:

Singer, Arthur, Bismarck in der Literatur. 2. Aufl. Wien 1912.

Der Gelehrte weiß, wo er Übersichten und Würdigungen zu finden hat. Für den interessierten Leser führe ich das Folgende an. Die Grundlage meiner Arbeit bilden die großen Quellenwerke: Reden, Akten, Briefe. Ich nenne die wichtigsten:

Bismarcks Reden, herausgegeben von Horst Kohl. 14 Bände. 1892 u. f.
Preußen im Bundestag 1851—1859. Dokumente der Königlich Preußischen Bundestagsgesandtschaft, herausgegeben von H. v. Poschinger. 1882 u. f.
Fürst Bismarck und der Bundesrat, herausgegeben von H. v. Poschinger. 1896 u. f.
Bismarcks Briefe an L. v. Gerlach, herausgegeben von Horst Kohl. 1896.
Bismarcks Briefe an seine Braut und Gattin, herausgegeben vom Fürsten Herbert Bismarck. 1900.
Briefe des Fürsten von Bismarck an seine Gattin aus dem Kriege 1870/71. 1903.

Unter den Darstellern verdanke ich das Beste und Meiste Erich Marcks. Da ist vor allem der erste Band seiner Bismarckbiographie (1910), der bis an die Schwelle der Revolution von 1848 heranführt; dann, für die Gesamtauffassung, die Biographie Kaiser Wilhelms I. (zuerst 1897) und die zahlreichen Charakteristiken von Bismarck und seiner Zeit, die man jetzt in seinen gesammelten Aufsätzen und Reden am besten findet (Männer und Zeiten, 1911, 2 Bände). Endlich all das, was ich seit meiner Universitätszeit aus Vorträgen und Gesprächen bei ihm gewonnen habe. Von großem Wert sind mir außerdem noch drei Werke gewesen:

Lenz, Max, Geschichte Bismarcks, zuerst 1902.
Matter, Paul, Bismarck et son Temps. 3 Bände. 1905—1908.
Ludwig, Emil, Bismarck. 1912.

Von den Werken, die Einzelprobleme behandeln, will ich nur nennen:

Reventlow, Graf Ernst zu, Deutschlands auswärtige Politik 1888—1913. 1914.
Stählin, Karl, Der deutsch-französische Krieg 1870/71. 1912.

Freiburg i. Br., 16. Februar 1915.

Zeitfracht Medien GmbH
Ferdinand-Jühlke-Straße 7
99095 Erfurt, Deutschland
produktsicherheit@kolibri360.de